浦大輔の
かっ飛びゴルフ塾

飛ばしの超理論

ティーチングプロ
浦大輔

フォレスト出版

飛距離＋50ヤードは可能。

「アメリカのスイング理論」と「ゴルフクラブの構造と使い方」を研究し、クラブの正しい使い方、体の正しい使い方だけを抽出してでき上がった理論。このときは、6割程度の力で平均320ヤードを叩き出している。

ヘッドが腰の高さを過ぎるところからクラブヘッドのスピードを上げていく。それによって切り返しの反発を利用した力強いダウンスイングから、飛ばすインパクトをつくれる

切り返しでクラブの重さを受け止め、ダウンスイングに移行する。その安定度を高め、インパクトの力を大きくするためのカギは、グリップのつくり方に隠されている

イメージとしては手に持ったボールを、インパクトの位置に向かって力いっぱい投げるときの体の動き。形よりも力の出し方を意識して動きをつくっていくことが大切だ

インパクト後に力を出しても意味はない。インパクトを通過したら、あとはカッコいいフィニッシュの形をつくりにいくくらいの余裕で動く

コースで飛距離を出したいなら、「力を出し切るスイング」を練習しておく。10 球も打てばヘトヘトになるくらいでなければ本物ではない

フォローの形は特に意識する必要はない。物理の法則で自然に体が動いていく

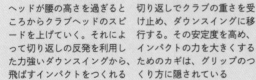

これが飛ばすスイングだ！

どのような力の大きさと向きでインパクトするかをイメージし、衝撃に備えておくことが重要。ドライバーはアッパー軌道でインパクトするため、右足に多く体重を乗せておく

「クラブを持ち上げる動作」を省いて動き出す。ヘッドの動き出しと同時に、左ヒザもわずかに動き出していることが重要。それによって腰もスムーズに回り始める

この段階までにアークを大きくしておく。右サイドを引くのではなく、左サイドで押して回転すると、つま先体重をキープでき、インパクトに向かって力を出しやすい

クラブを振る際の風切り音を、体の右側で、なおかつ短く鳴らす。インパクト前に鳴らす意識をもつことで、インパクトからその直後にかけて最大のスピードになる

「体のどこをどう動かそう」などと考えることはすべて動きの減速、つまり飛距離ダウンにつながる。イメージした衝撃をつくることに集中してボールを「しばきあげる」

事前に抱いた「インパクトで受ける２種類の衝撃に備える意識」が、そのままインパクトでのヘッドの動きをつくり、ボールを遠くへ、そして狙った方向へと飛ばしてくれる

ボールを飛ばすには、トップからインパクトの衝撃で決まる。あとのフォロースールは自然に体の動きに任せれば OK。

これから一緒に学んでいこう！

はじめに

浦大輔です。400ヤード以上飛ばします。身長は170センチ。1985年生まれです。

まず、自己紹介も兼ねて、400ヤード以上も飛ばせるスイング理論をつくり上げたいきさつをお話しします（えっ、400ヤード超えのドライブ、見たことありませんか？では見てください（http://route-d.com で見ることができます！）。

ぼくは中学1年生から試合に出ているジュニアゴルファーでした。当時、ぼくは関西でも「一番飛ばない」ことで有名だったんです。中学生でも270、280ヤードを打ってくる子がいる中で、ぼくのドライバーは、当たってやっと200ヤード。平均だと180ヤードでした。

それでも、アプローチとパターが上手ければスコアを出せるので、飛ばし屋に勝つことができたんです。ぼくは「飛ぶだけなら、バッタでも飛ぶ」をログセに、飛ばし屋を馬鹿にしていました。「飛ばし屋はアプローチが上手くなれない」と信じていたんです。

でもそんな自信は、関西ジュニアで優勝して行った全国大会で崩れ去りました。ぼくより100ヤード飛んで、アプローチとパターも、ぼくより上手いんじゃないかという子がいたんです（「それは反則やろ」と思いました）。

関西ジュニアの大会で、パー4で、2打目でグリーンに届くホールはほとんどありませんでした。18ホール中、パーオンできたのは3ホール、残りの15ホールは寄せワンでパーというのがぼくのゴルフでした。ところが全国大会に行くとバーディーを量産する選手がいっぱいいて、頭が真っ白になったことを覚えています。

ところが、そんなぼくが、中学のゴルフを引退し、高校のゴルフ部に入部するまでのほんの数カ月の間に、飛ばし屋に変身できたんです。盛りすぎって思われるかもしれませんが、本当に100ヤード近く伸びました。その理由は、ひとつではありません。色々なことが重なった結果です。それを紹介しましょう。

ぼくは中学時代にアメリカに行って、アメリカのゴルフアカデミーで学んできたことがあったんです。アメリカのアカデミーでは、生徒に一番最初に、体を使わずに、手首だけでクラブを振らせていました。それは、クラブという道具の構造を活かすものだという説明でした。

当時の日本は「ノーコック」で打点を安定させることが流行っていましたから、真逆です。試合に出ている間は、自分のスイングを壊したくないので試さなかったのですが、高校に入る前の数カ月の間にそれを試してみて「あれ？」と思いました。そして「アメリカのスイング理論」と「ゴルフクラブの構造と使い方」を研究しまくったのです。ちょうどクラブは、メタルやチタンが使われるようになって、アメリカではそれら、これまでとはサイズの違うクラブに応じた理論が出てきていた時期でした。

とくに、日本では「コック」つまり手首の縦の動きを重視していましたが、アメリカでは手首を横に動かす「ヒンジ」も使うと言われて驚きました。それで、今度は、体にとって理にかなった動きとはどういうものかということに興味が湧き、体の構造とか体の動かし方も同時に勉強したんです。その分野は、ゴルフよりもっと先にこの分野の科学を取り入れていた野球やランニング、サッカーなど色々学んで、それをゴルフに当てはめました。

さらに、友達とブラックバス釣りに行ったときのことです。釣れないんで飽きて、先っちょに鉛をつけて皆で飛ばしっこをしていました。すると、でかくて力のある子が体を大きく使って振り回すよりも、体はひょろひょろで小さいけれど合気道をやっていた子が、ダントツで飛ばしたんです。その子だけ、手先だけでサオの先を何回もしならせてから、しなりだけでびゅんっとすごい速度で振ってすごく遠くまで放ったんです。「あっ？」と思って釣りをやめ、1人だけさっさと家に帰って、クラブを振って、シャフトのしなりについて研究を始め出しました。

その頃タイガー・ウッズがドライバーにスチールシャフトを挿していたので、それをやれば筋肉がついて飛距離が出ると思ってムリして使っていたんです。でも、その日、スチールではほとんどしならないことに気づいて、母親のクラブを使ったら、すごくしなる。でも、やわらかければいいというものではないということもわかって、シャフトの特性の勉強を本格的に始めました。カーボン繊維がどうとか巻き方がどうだとか、シャフトスパインだとか。

体のこと、クラブのこと、とくにシャフトのこと。そしてスイング理論。それを研究しまくった数カ月で、100ヤード、飛距離を伸ばしたんです。高校に入って最初の練習で、みんながぼくのことを中学時代のイメージで「飛ばない小さいやつ」と思っている中で、いきなり先輩たちと同じ所まで飛ばして見せ、驚かせたときのみんなの顔は忘れられませんね。

それから、さらに高校、大学と、ゴルフの強豪校で切磋琢磨しながら、研究も進めました。大学時代に交通事故に遭ったり、家庭の問題もあって、ゴルフをやめ、卒業後は普通の社会人になりましたが、それでもそれらの研究は続けていました。

当時、日本に出回っていたゴルフ理論で「セオリー」と言われている事柄の中にも、多くの「ウソ」があることがよーくわかりました。「ウソ」ではないにしろ、「勘違い」あるいは、「説明の足りないこと」「条件によって、人によって変わること」があるのもよくわかってきたので、整理しました。

そして、論理的に正しいものだけで組み立てた、ゴルフスイングの本当のベースとなる「だれにでも当てはまる、本当にやらなくてはいけないこと」を独自にまとめあげました。クラブの正しい使い方、体の正しい使い方だけを抽出して、組み立てた理論です。

あれもこれもと色々な部分の動かし方を意識してつくろうとしなくても、飛距離の出るスイングは身につきます。もっと大事なことを理解し、それを身につけようとすることで、他の色々なことも自然にできるようになるのです。

「これで間違いない」ということの理論の核ができあがったので、それで勝負しようと上京し、ゴルフスタジオを始めました。教え始めて、「300ヤード程度」なら多くの人にも飛ばせるようになるという手応えを得ました。そんな飛距離を出せるのは、物理的、体の構造的にも正しい動きだからであり、だからこそケガなども起こさず、再現性も高いので必然的にスコアも良くなる。

ということで、クラブをはじめて握って、2年経たずに70台のスコアを出している生徒もいます（残念ながら、ぼくのスタジオに来る前の長い間「上手くなれなかった」人たちは、悪いクセが体についているというよりも、頭の中の「クセ」を直すのに時間がかかることがあり、もう少し時間がかかってしまう場合もあるのですが……）。

YouTubeチャンネルもつくって動画を配信し始めたら、毎回の閲覧回数は20万ビューを超えるまでになりました。それを見たレッスン受講希望者がさらに殺到し、毎日抽選に受からなければ受講できないほどの状態となっています。


その「スイングで本当にやらなくてはいけないこと」を今回、本としてまとめさせていただきました。本当はもっと口が悪いんですが、本なので、少しオブラートに包んでまとめています。それでも、理論はちゃんと伝わるように書いているので、安心してください。

ドラコン選手のように体を鍛え上げなくても、中肉中背の、ただのおっちゃんでも、400ヤード飛ばせる理論である、ということを証明するため、ぼく自身は、わざとおなかプニャプニャ、力こぶも出ない、ベンチプレスで60キロも持ち上がらないという体の状態を維持し続けています。

体もめちゃくちゃ硬いんです。前屈しても、指先はすねまでしか届きませんし、足を伸ばして座ることもできない。それで、普通のトップアスリートでも到底出せない飛距離を出せるということを身をもって証明しています。

体じゃないんです。じゃあ、何かというと、頭なんです。だから本当は、この本を読み終わっただけで距離が伸びていないと、おかしい。そうじゃないなら、ちゃんと読めていないってことだと思っています。

まあ、読んだだけだと30ヤードくらいしか伸びないかもしれません。でもそこから練習して、自分なりの感覚をつかんだり、自分なりの調整を加えていけば、さらにもっともっと伸ばしていけます。それを実現した、たくさんの生徒さんたちは、本当にうれしそうです。ゴルフが今まで以上に楽しくなっているからです。だから、ぼくもうれしい。そして次は、あなたの番なんです。

＊ただし、この本で書いたことは「だれもがやらなくてはいけないこと」だけです。一人ひとりの個性を伸ばすとか、その人にとって必要なこと、ということまでは書いていません。それはあなた自身で必要性を感じ、どうすればいいのか自分なりの調整を加えていっていただかないといけない部分だからです。

「えー、そこも説明してよ」という声が聞こえてきそうですが、本来、それは教えられるものではないのです。人の体は、手の長さや指の長さから何から違うわけですし、得意な動きや強い筋肉などもさまざま。そしてそれらが組み合わさって1人の人間ができあがっているのですから、スイングも細かな部分はそれぞれ違うはずであり、そこは自分で見つけるしかないものなのです。

でも大丈夫です。「だれもがやらなくてはいけないこと」に取り組んでいるうちに、あなたが打った球が、あなたがやらなくてはいけないことを教えてくれるからです。自然に、自分だけの問題も見えてきます。ベースを身につける取り組みの延長として、いつのまにか、その先の部分についての追求も始まっているはずです。それでも質問が湧いてきたら、ぜひ私のゴルフスタジオに問い合わせをしてください！

ということで、それでは、飛ばすためのスイングについて説明していきましょう。

2021年　秋

ルートdゴルフアカデミー代表取締役兼ヘッドコーチ　浦大輔

浦大輔の
かっ飛びゴルフ塾
飛ばしの超理論

目次

第3章 300ヤード飛ばすアドレスをつくる

強い衝撃を跳ね返すくらい全身の力を使い切るための構え

第4章 300ヤード飛ばすスイングをつくる

自分のもてる力を出し切って飛距離を伸ばす振り方を理解しよう

第5章 300ヤード飛ばす練習法に取り組む

インパクトの衝撃を大きくするための技術と体のトレーニング

第6章　300ヤード飛ばす発想を育む

飛ばしのスイングの試行錯誤の中でヒントにしてほしいこと

第1章

300ヤード飛ばす前提をつくる

飛ばすスイングをつくる前に
本気で飛ばす意識をもつ

1 「これからつくる大きな衝撃」に備える意識をもつことから始まる

スイングにおいて核心となるのはインパクトです。インパクトという物理現象が打球の強さや方向、曲がり方を決めるからです。だから、インパクトを「意識すること」がまずはじめになければならない！　本来、それなくして、動きは起きないはずなんです。なぜなら、「ボールをどこにどう飛ばそう」という目的が、その手段となる「スイング」をつくるわけですから。

ここでいきなり「はっ」としたという方がいるとしたら、はい、正解です。インパクトの意識がないから、今のあなたのスイングでは、ボールがちゃんと飛んでいないのです。距離は出ないし、右にも左にも曲がってしまう……。

正しく構えて、正しくバックスイングしてトップをつくる。そして正しいフィニッシュまでリズム良く振り切ればＯＫ。途中にあるインパクトは、意識しなくても当然正しく……なりません。ならないのです。

左ヒジが引けてしまうとか、左ワキが空くとか、頭が左に突っ込んでしまうとか、体重が右に残るとか、動きの間違いを見つけて、直そうとしても直りませんよね。直らないんです、インパクトの意識をもたずにスイングしている間は。

インパクトの意識。これをもつことから、始まります。

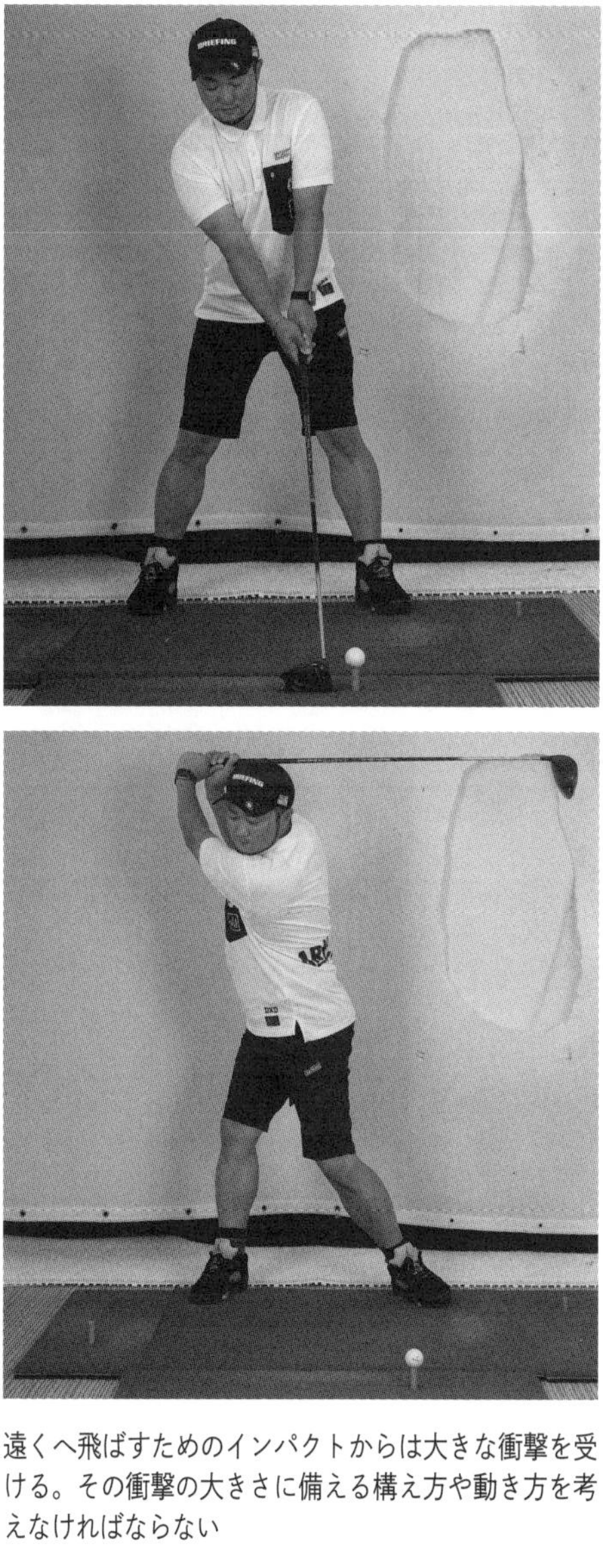

遠くへ飛ばすためのインパクトからは大きな衝撃を受ける。その衝撃の大きさに備える構え方や動き方を考えなければならない

2 スイングの途中に「インパクト＝衝撃」がある

ゴルフのスイングにおいて、「インパクト＝当たる瞬間の形」として、意識している人はいると思います。でも、「インパクト」は本来、衝撃という意味です。この、衝撃こそが、イメージしなければいけないことなのです。

きれいに振れれば、いいスイングができれば「いい球が出る」と思い込んでいる方。きれいなインパクトの形をイメージして、それをつくるために、力まずに素振りのように振ろうとしている方が多いと思うのですが、それは、申し訳ないのですが、間違いです。

パンチを叩き込むとして、素振りのつもりで、その軌道にいきなりものを突っ込まれたらどうなりますか？　コブシを壊しますよね。そういうことです。的に向かって「思い切り殴れ」と言われれば、コブシを、殴る力加減に負けない力で握って叩きにいっているはずです。「インパクトはないものと考えろ」「素振りしている中にボールがあると思ってください」なんて、あり得ないのです。素振りをしているところにいきなりボールを置かれたら、手首を壊します。

飛距離を出したいのなら、それなりの衝撃を意識するところから始まるのです――というと、「大きな衝撃をつくり出すために、ものすごい力を出さなきゃいけない」と思ってしまうかもしれません。これは、ちょっと違うんです。

飛距離を出したい。そのために必要なのは、大きな衝撃のインパクトです。それは間違いない。でも、ここからが少し違いますよ。大きな衝撃のインパクトが、スイングの途中にあるとしたら、どうしますか。その衝撃を受けても大丈夫なように、準備しますよね。クラブが衝撃に負けて飛んでいってしまわないように、グリップをしっかり握らなくてはいけません。手首や、ヒジ、肩など、衝撃を受けてケガしたりしないように力を入れるなり、衝撃を受けても大丈夫な使い方を考えたりもするでしょう。

実は、そうした「備え」をしていないから、「インパクトの衝撃を受けると耐え切れない」とか「この構えだと、そんな動きをするとバランスが保てず、転倒してしまう」と脳が危険を察知してストップをかけている、という面もあるのです。

しかし、衝撃に対しての備えをしっかりとすれば、そういうリミッターを外せます。

3 インパクトで起きる衝撃の大きさと方向を意識する

ボールを叩いた瞬間、どのような衝撃がかかるか。それを意識することで、スイングづくりが始まります。

スイングしているクラブヘッドの軌道の途中にボールが置いてあって、それにぶつかることで衝撃が生まれるのですから、まず、ヘッドを振っている方向と反対向きに押し返される力がはたらきます。前に飛ばそうとすれば、後ろ向きの力を受ける、つまり作用反作用です。

さらに、もうひとつ。クラブヘッドは、ヘッドの中心にシャフトがついているわけではなく、ヒール側についています。だから、ヘッドの芯に当てたとしても、その衝撃で、フェースの向きが変えられます。「芯で当てれば衝撃がなくなる」という人もいますが、芯からブレたときの嫌な手応えがなくなるだけの話で、衝撃自体が消えるわけがありません。この衝撃にも耐えるための備えをしておかなければならないのです。

ヘッド（シャフト）が押し返される、フェースの向きが変えられる。このふたつの衝撃に対して備える意識をもつこと。そうすれば、それをもとにスイングを組み立てていけます。構え方も変わってくるはずです。

「えっ？　だって、そんなことを言うプロゴルファーは今までいなかったし。プロが言わないんだから必要ないでしょ」と思いますか？　プロは、何十万球も球を打っている中で、言葉で意識していなくても、体は意識して、球に当たる衝撃に備えるようになっている。

それだけのことです。

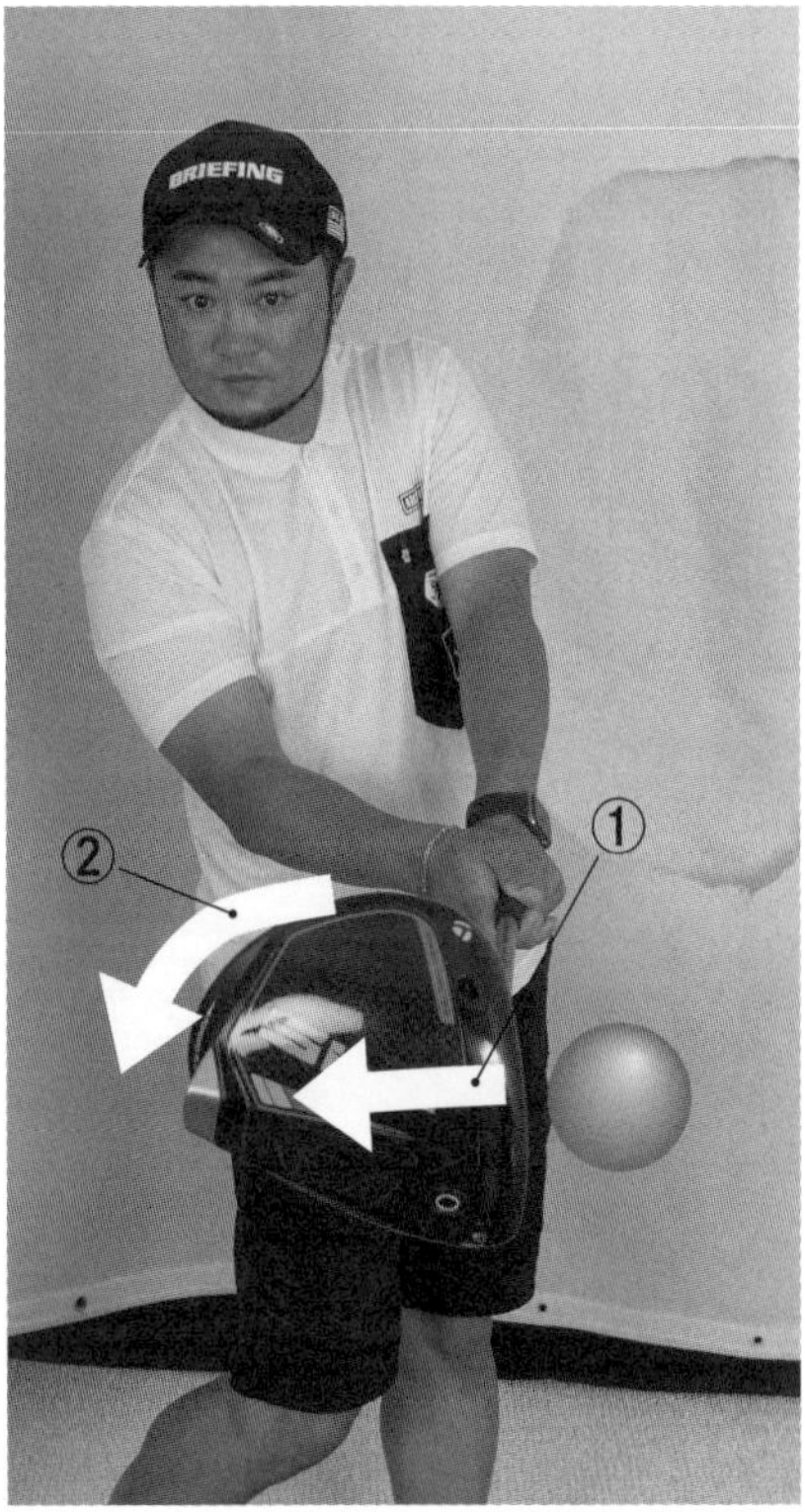

インパクトでボールに当たった瞬間、押し返される①と同時に、フェースが開く方向にヘッドを回される力を受ける②。それらの力に備えることが必要である

4 2種類の衝撃はつまり飛距離と方向性を決めている

インパクトを意識するなと言う人は「インパクトなんてコンマ何秒の出来事だから、意識してつくれるものではない」と言います。野球のボールを投げるときだって、形や動き方などを細かく意識してつくろうとはしません。ただ、「あそこへ速い球を放ろう」という意識やイメージがあって、ボールを放る瞬間に指先でその意識やイメージを形にしようとしながら腕を振っているのだと思います。

ゴルフスイングも「どの方向にどういう球をどのくらいの強さで飛ばすのか」というイメージが、インパクトと、インパクトまでの動きをつくってくれるのです。そして、そのイメージは同時に、そこで生じる衝撃のイメージにも直接つながっているはずです。

この説明でおわかりかと思いますが、「飛距離を追求すれば、方向性は犠牲になる」ということはありえません。飛距離と方向性を合わせてインパクトをイメージしているし、それらを合わせたイメージから動きがつくられるためです。

私に言わせれば、ゴルフは、ボールをしばき上げるスポーツです。しばき上げて、狙ったところにボールを飛ばすのがスイングの目的であり、そのためには方向性と飛距離を意識したインパクトをつくらないといけないのです。飛ばすならば、衝撃を大きいものにしないといけないわけで、その衝撃に耐える準備をすることが大切、ということです。

コンマ何秒かの現象だとしても「インパクトはつくれる」し、つくらなくてはいけないのです。

インパクトでどのような衝突が起きたのか。つまり、どのような衝撃がつくられたのかによって打球の飛距離や方向が決まる。それを意図どおりにつくることがスイングの目的のはずだ

5 衝撃に備えるための力の使い方を考える

インパクトでの、ヘッド（シャフト）を押し返そうとする力とフェースを押し返して開こうとする力をイメージして、備えます。それは「形」と言うよりは、力の出し方というイメージになってくると思います。そうするとそれは、インパクト直前の動き方のイメージになってくるはずです。

そしてそれが、さらにはクラブの切り返し方につながり、そのためにはどういうバックスイングをしなくてはいけないのか。さらに、どう構えをつくっておかないといけないのか、ということにまでつながっていきます。そうすれば、「これからこのくらいの力で叩くぞ」という意識をもって臨む構えができているはずです。

このような考え方のもと、スイング理論は組み立てられていくべきものなのです。

ですから、飛距離を伸ばそうとすれば、それなりに大きな力として、イメージするはずです。どのくらいまで大きいのかと言えば、自分のもてる力をすべて使い切った境地でしょう。

体の力は相当使います。もう、本当に10球打てば、息は切れるし筋肉は疲労しているし、「ちょっと休ませてよ」というくらいの感覚になります。それはそうです、スポーツなんですから。

「えっ？　プロゴルファーはそんなに力を入れていないよね」と思いますか？　試合では目いっぱい振る場面はそれほど多くはないのは確かですから、テレビ中継などではあまり見る機会がないかもしれません。それに、目いっぱい力を使っていても、そうは見えないくらい振り込んで、動きを洗練させているから「目いっぱい」に見えない、ということも言えています。

アマチュアゴルファーだって、もてる力を使い切ったほうがいいでしょ？　力を使い切れば、３００ヤードは飛ばせます。それでどうしても疲れちゃって18ホールもたないし、結果が乱れてどうしようもない、というなら、90％とか80％に抑えてもいいでしょう。でも、まず、体の力を使い切るスイングをつくったほうが、いい。

ゴルフは飛ばしたほうが簡単になるからです。それに、ちゃんと必要なインパクトをイメージできていれば、ボールは狙ったところへ飛んでいくものだからです。

6 脳を安心させるから、限界まで速く振れる

衝撃に備えるために具体的に変わるのは、グリップであり、セットアップです。インパクトの衝撃に負けない準備を整えておかないとならないからです。

とくにグリップについては、クラブが受け止める衝撃を、体に伝える接点ですから重要です。ぐらついたら困るわけです。安定しない状態で、無制限に力を出して動かすと、「ぐらつき」の影響が大きく出て、ボール以前に地面を思い切り叩いたり、あろうことか自分の体を打ちつけたりするかもしれません。それでは困るわけです。

しっかりした体勢をとっていない場合も同じです。制限なく出した力で地面を蹴ったり、腰を回した結果、そのしわ寄せを受けた「無防備な部位」に負荷がかかって、関節や筋肉を傷めるかもしれません。それも困るわけです。

困ったことが起きないように、脳はあらかじめ、エネルギーの出力に制限をかけます。この自然な反応のおかげで、ヘッドスピードは出せる最高限度からは程遠いレベルに抑えられてしまうのです。

しかし、衝撃を想定した構えをとり、グリップもしっかりとクラブを固定しておけば、脳は「これなら安心」とブレーキを外してくれます。この状態をつくることが、インパクトを想定すべき、もうひとつの理由です。

壁を叩きに行くときに、事前にどのくらいの衝撃の大きさがあり、自分が耐えられるかどうかわからなければ、強くは叩けない。脳がストップをかけてしまう

叩いても自分の手の力が勝って、自分はケガをしないということがわかっていれば、脳はブレーキをかけないため、力を使い切ることができる

コラム❶

スイングづくりにおいて本当に大切なこと

この本で説明した、グリップ、アドレス、そして動き方については、ゴルフスイングについて皆さんが知っておくべき、すべてです。

「えっ？　あれについて、書いてないし。あれも、それも、これも……」と思うかもしれません。例えば、ダウンスイングでのヒジの角度や向きとか。でも、それは、意識すべきことではないのです。切り返しでクラブの動きの負荷を受け、インパクトでの衝撃に備えるまでの短い時間に、そんなことは意識してもつくれません。

しかし、インパクトでの衝撃に備えるイメージをもっておけば、最大限に力が入る角度や向きや角度を脳が選択してくれます。目的に応じた動きをつくる能力はだれでももっているのです。その能力にもっと任せていい。そうすると、ヒジの角度や向きなどを含めて、あなたにとって最適な動きができあがっていきます。

この本で説明した項目を確実にひとつひとつやると、ちゃんとしたスイングになります。項目ごとに、徹底的に、書いてあるとおりに実行してみようとすることで、あなたが「説明してほしかったあれも、これも、それも」勝手にできあがっていくはずなのです。

絶対にできます。

書いてあるとおりにやろうとして、スイングにならなかったら、そして、強いインパクトがつくれなかったら、思い通りにボールが飛ばせなかったら、それはこの本に書いてあることの何かを見落としているのだと思います。もう一度読んでみると、新たな気づきがあったりすると思います。ぜひ、何度も繰り返し読んで、隅から隅まで理解してください。

第2章

300ヤード飛ばす グリップをつくる

強い衝撃を受けても揺るがない。
グリップは「つまむ」がベース

1 手のひらを使うのは大きな間違いである

ほとんどの人は、クラブを「握る」意識だと思います。

手のひらで（または「フィンガー」と言いながらも指だけではなく、中途半端に手のひらと合わせて指を使う形で）グリップを持つと、手のひらと指を使って、かなり広い面積をグリップに密着させて「安定している」「安心」と感じていると思います。べったりくっつけることで、力を入れなくてもぐらつかなくなるイメージかもしれません。

でも、手のひらを使うのは、野球でいえばパームボールとかチェンジアップのときです。速い球と見せかけて遅い球を投げる技術ですよね。ゴルフでいえば、ヘッドスピードを上げないことになります。それで飛ばせると思いますか。

野球の速球を投げるとき、ボールと手のひらは密着せず、すき間のある状態でボールを持っていると思います。なぜ、ゴルフでもそれと同じでいいと考えないのでしょうか。手のひらがボールに密着していないからといって、野球で「これじゃ安定しない、怖い」と言う人はいませんよね。

手のひらを使って「握る」と、手首にまたがる筋肉が使われるので、握る力で手首の動きが出なくなります。だから、「力を入れるな」ということになっています。野球のパームボールもリストの動きを使えなくなるから、腕の振りに対して球速が遅くなるというカラクリです。飛ばさないためのスイングなら、これでもいいと思います。

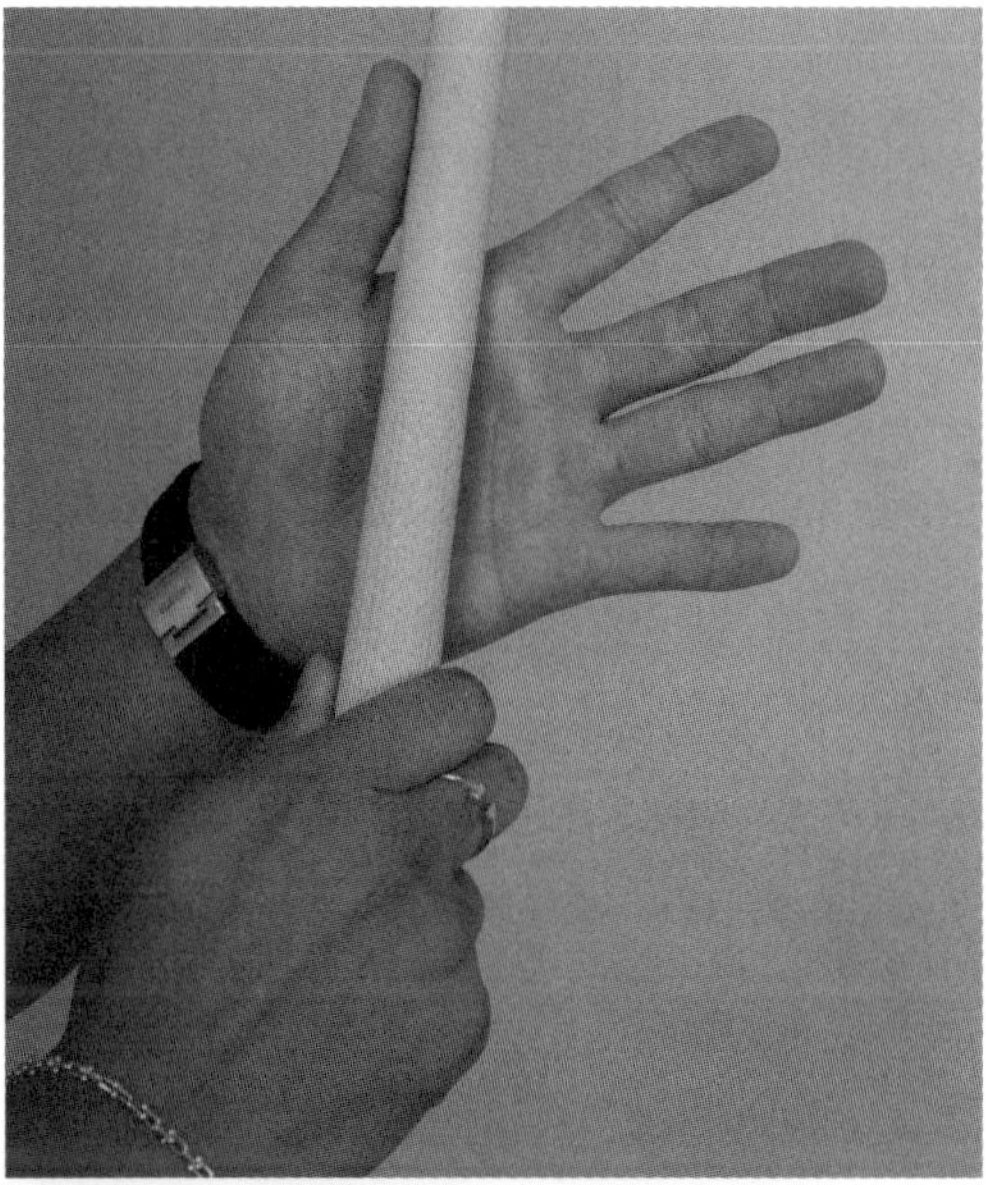
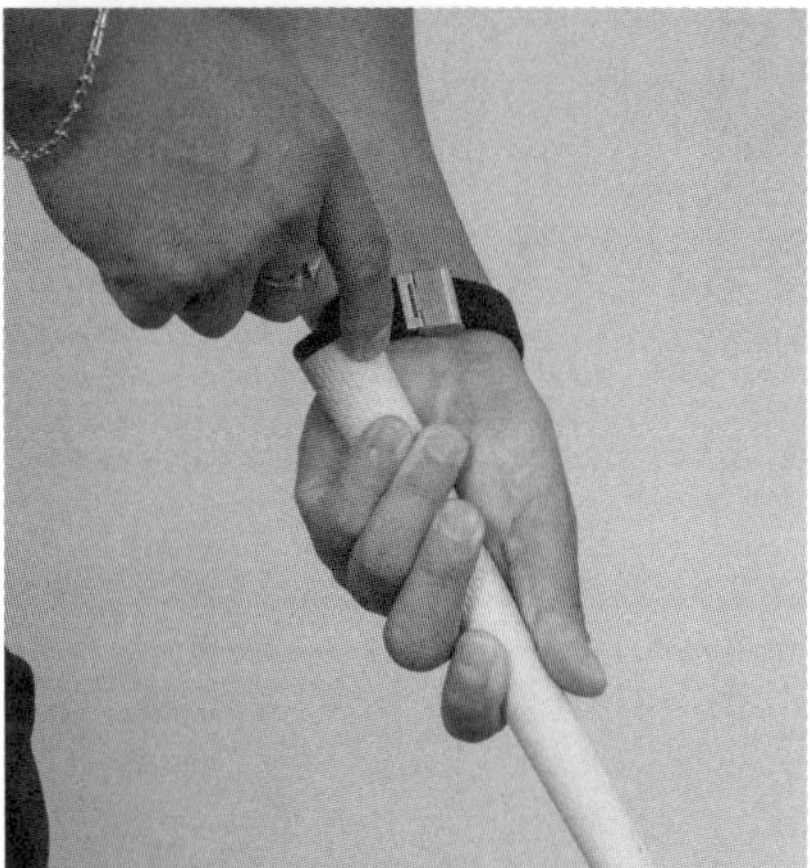

手のひらをグリップにできるだけ密着させると、持つ力が強くなるように思えるが、手首の動きを使えなくなるため、クラブを速く振れない

2 グリップの基本コンセプトは指先を使って「つまむ」

「衝撃に備えるためのグリップ」は、「つまむ、つかむ、はさむ」に感覚的に近いものがあります。「なんで?」と思いますよね。説明しましょう。

「つまむ」だと指先だけしか使わないイメージになります。「つかむ」になると、もう少し手の部分としては多く使う感じになりますが、やはり指先でギュッと力を入れるイメージになると思います。手のひらは使いませんね。でも、大きな力が出せます。ロッククライミングなんて、指先だけで自分の体重を持ち上げて、上っていくわけです。それに、指先でつねられたり、つままれたら痛いでしょ。それだけ力があるのです。

指先のほうが手のひらで握るよりも力が強いのです。それに、ゴルフクラブのグリップは指で握るのに適した細さだと思いませんか。握力80キロの人が手のひらで握るより、50キロの人が指でしっかり握っているほうが、クラブを支える力は強くなるものです。支える力が強いということは、つまり速く振れて、強く叩けるのです。

しかも、指先には力を入れても、手首はやわらかいままということがカギです。指でしっかりグリップをつかんでも、リストの動きを妨げることにはつながりません。野球のボールを投げるときに、力を入れてボールをリリースしようとすると、リストが使えなくなるか、というとそういうことはありませんよね。

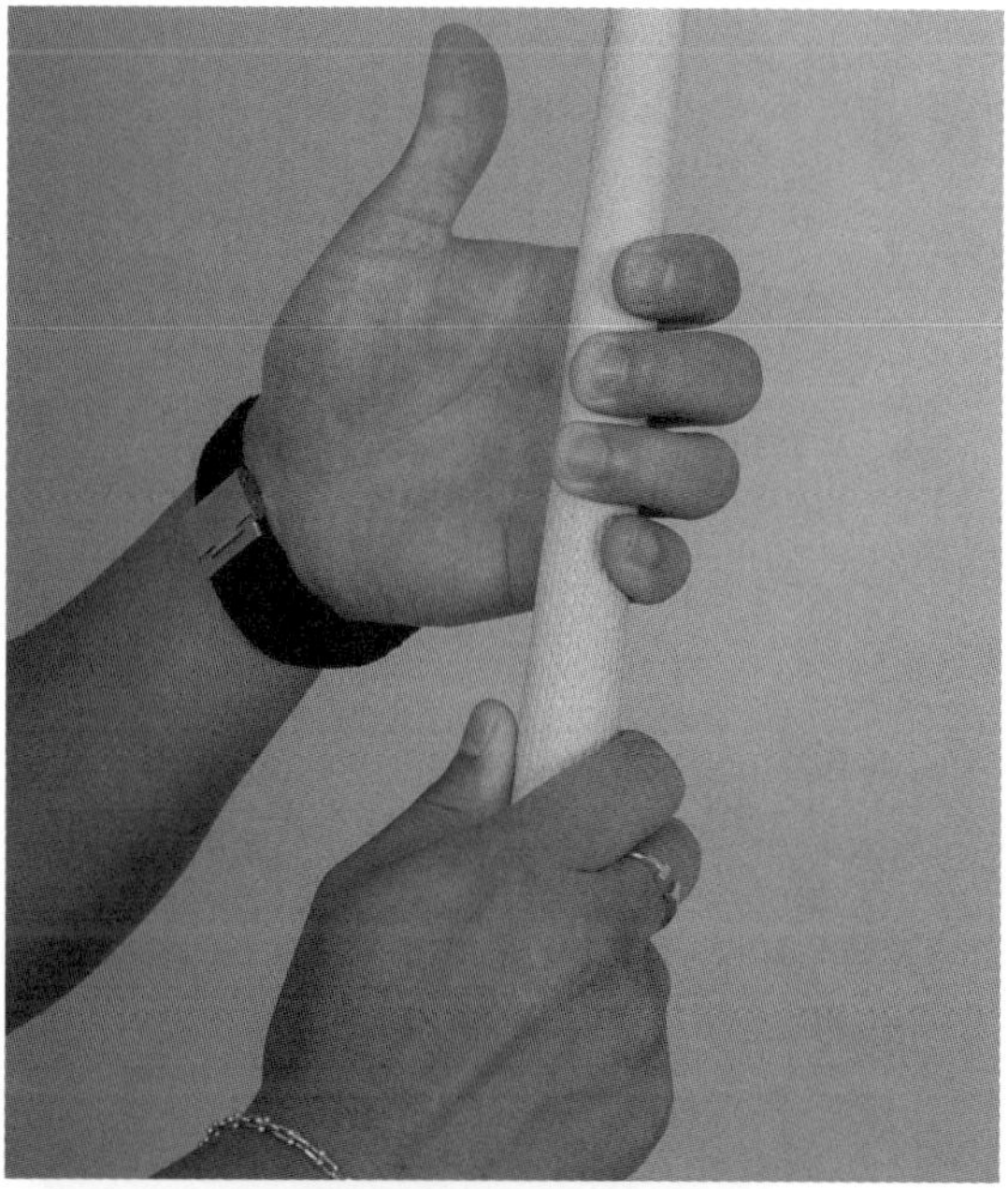

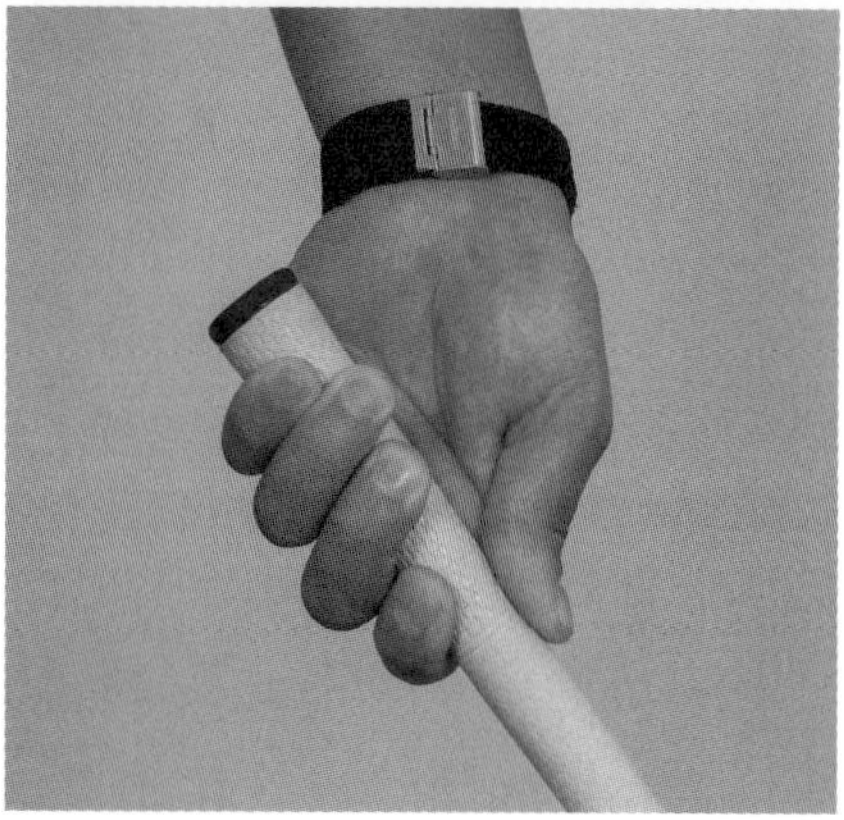

飛ばすときのグリップは指先でつまむように持つ。指先でしっかりつまめば、手のひらは浮いていてもクラブを支えられる

3 左手グリップのつくり方「4本の指先ではさむ」

左手については「指先ではさむ」で、グリップをつくります。

人さし指から小指までの指先をカギ形に折り曲げて、グリップをはさみつけます。しっかり力を入れて「はさむ」。指先側と指の付け根側とを万力のようにしてはさんでください。

この部分は非常に大事な部分です。この4本指で「はさむ」力こそが、クラブをしっかりと支え、衝撃に対抗し、そしてクラブの動きをつくっているからです。

余談になりますが、左手のこの4本が大事だからこそ、私はこれらの指には、指輪をすることができません。どの指にもです。先ほど、「手のひらにはすき間があっても問題がない」と説明しましたが、それは手のひらで支えているわけではないからです。左手のこの4本指の部分については、すき間ができることが許せない。指輪が間に介在することも許せないんです。逆に、右手なら、どの指に指輪をはめても何も気になりません。

ちょっと大事なことをさらりと書きました。左手の4本指についてはどの指にも指輪がつけられない。つまり、グリップをはさむことに関して、この4本指はどれも同じくらい重要だということですね。

女子プロが指輪をどの指にしているかを見てもらっても、わかりますよ。「あ、このプロ、わかっているな」って。単なるおしゃれの問題ではないんです。

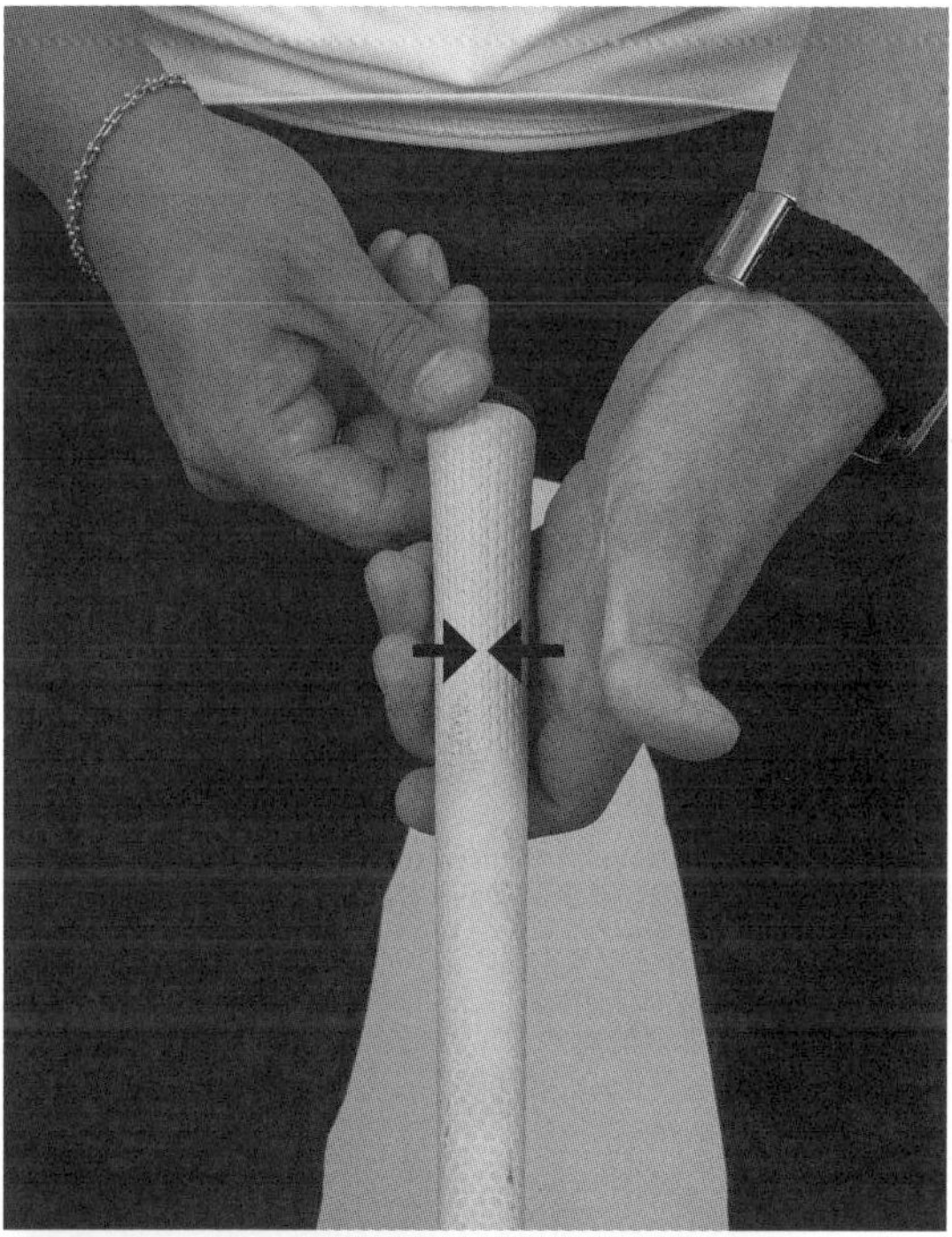

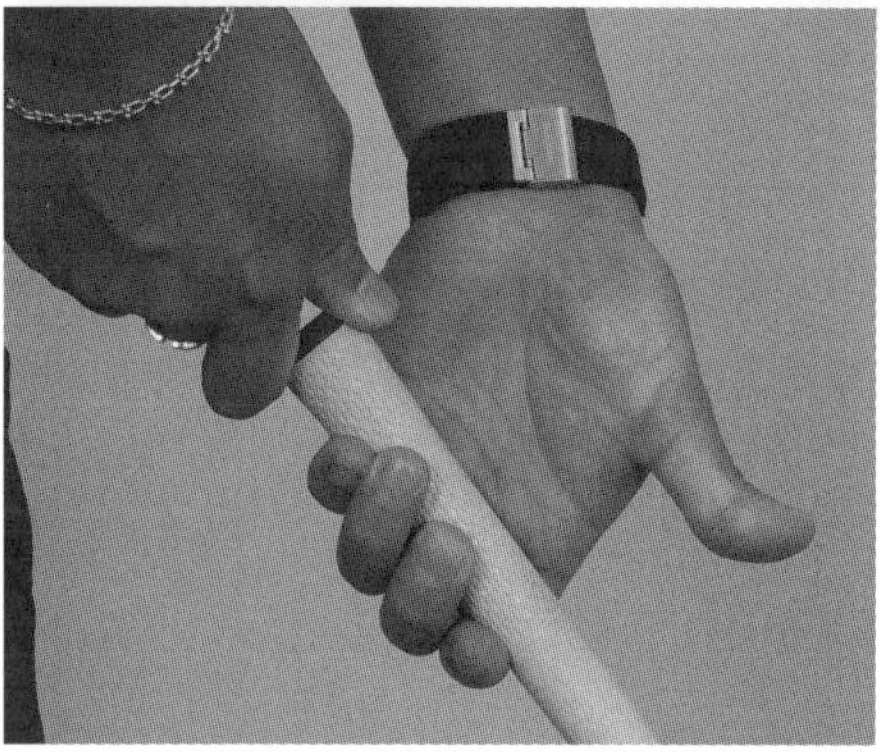

左手の人さし指から小指まで4本指の指先を使ってグリップをはさみつける

4 左手グリップの仕上げ方「親指で上からはさむ」

左手のひらはまだ開いていて、クラブは指の付け根に沿って手に当てている状態です。この状態でフェースがスクエアになっているか確認しておいてください。そして、そのときの指の付け根の関節の曲がり具合についても確認を。ほぼ、伸びた状態になっているはずです。

それでは親指について説明を進めましょう。親指は、カギ型にした人さし指とで、グリップを「つまむ」。親指は真上から乗せてください。ここまでで終わりでもいいんですが、あまりにもグリップと手の間がスカスカなので、整えます。

手のひらとグリップの間のすき間は、手のひらの余った部分をかぶせていく――しっかりクラブに手を巻きつけていくと密着感が高まって、安心ですね。って、違うんです。指の付け根の関節が曲がってしまいます。そして、手のひらを開くと、クラブは手のひらに乗っているはず。グリップを手のひらで巻き込んでしまったということで、そうするとフェースの向きが変わってしまっているはずです。

手のひらとグリップの間の空間は「手のひらの余った部分で〝埋める〟」イメージです。または この空間を〝つぶす〟。大切なことは、フェースの向きを変えないこと。それができれば、左手のグリップは、これで完成です。

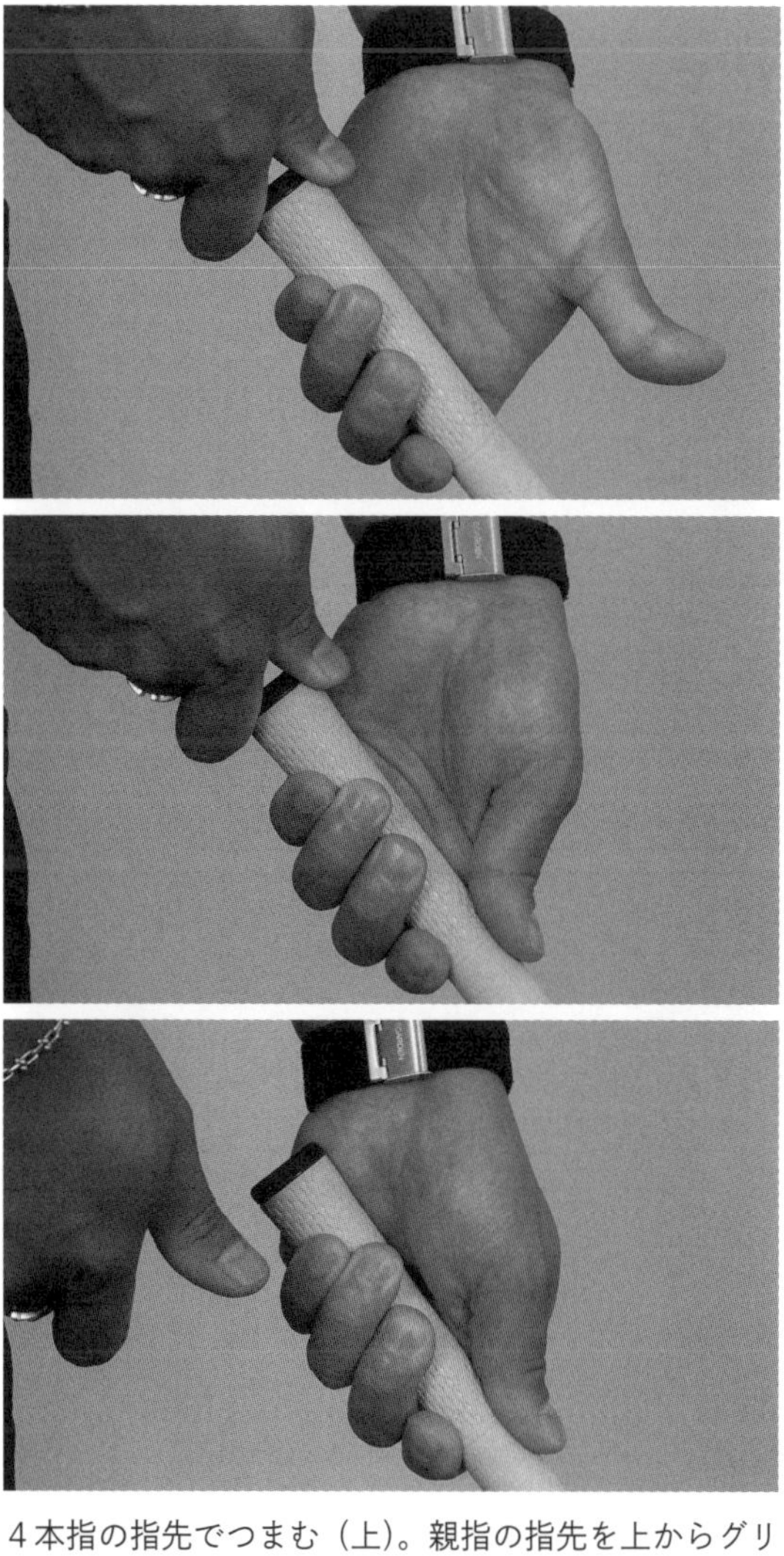

4本指の指先でつまむ（上）。親指の指先を上からグリップに置く（中）。手のひらとグリップの間の余った空間をつぶす（下）。手のひらとグリップにすき間があっても問題は起きない

5 右手のグリップのつくり方「2本指の間のV字をあてがう」

左手のグリップをつくったら、トップまで振り上げてください。グリップをつくるときに、左親指を真上から乗せておくと、トップではクラブが親指の真上に乗ってきます。

いきなりスイングの話になりますが、バックスイングからダウンスイングへ移る「切り返し」のときに、クラブの重さは左手の親指の腹に乗ってきます。それをしっかりと受け止めます。受け止めるだけではなくてそれを跳ね返すようにしてダウンスイングを始めるのですが、ここでグリッププレッシャーを変えないことがとても重要です。そのためには、切り返しでクラブの重さを無理なく受け止められる準備をしておくこと。親指の腹にクラブが真っすぐ乗ってくるようにするため、親指の腹を、グリップするときに真上から乗せておけばいいのです。

実際には、クラブの重さを跳ね返す作業は、左手親指だけでは大変なので、右手を協力させます。どこを使うかというと、親指を人さし指の付け根にぴたりとくっつけると、親指の先と人さし指の側面でV字ができますね。この部分を使うのです。それ以外の部分を使うと、腕の余計な部分に力が入り、イメージ通りの動きができなくなってしまいます。

トップでクラブを乗せている左親指に右手2本指でつくったV字をあてがってください。その形をそのままアドレスまで戻します。そして右手の他の指をクラブに引っかけます。「引っかける」以上に意味のある説明はとくにありません。右手2本指のV字は、重要中の重要事項です。飛ばす人は例外なく、このV字を締めるための筋肉が発達し、ぷっくりと盛り上がっています。

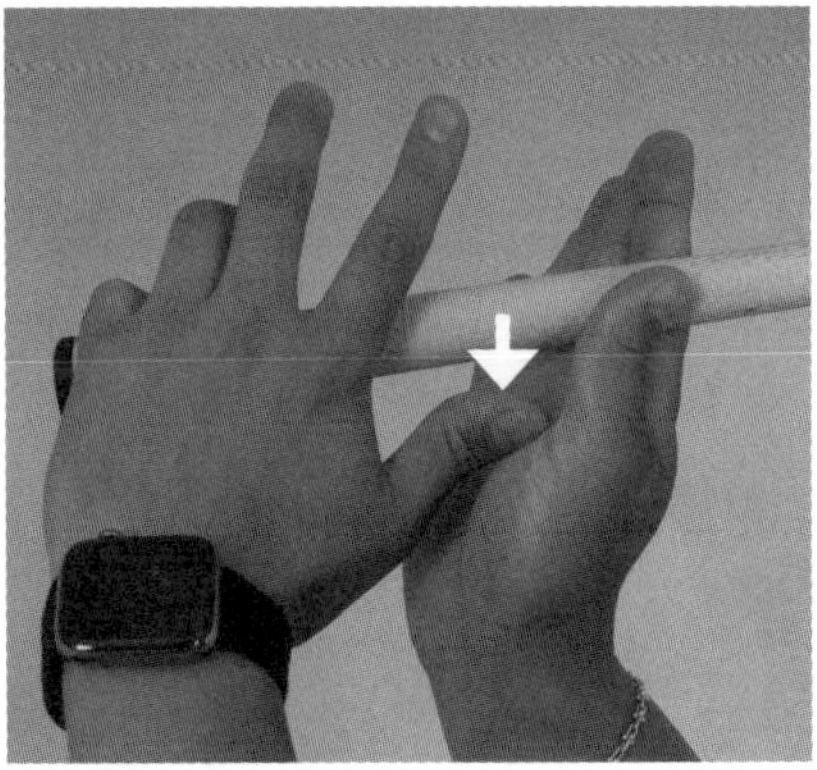

バックスイングしてトップまで上げていくと、グリップが左親指に乗ってくる。その重さを受け止める補助をするのが、左親指と右2本指（親指と人さし指）のV字

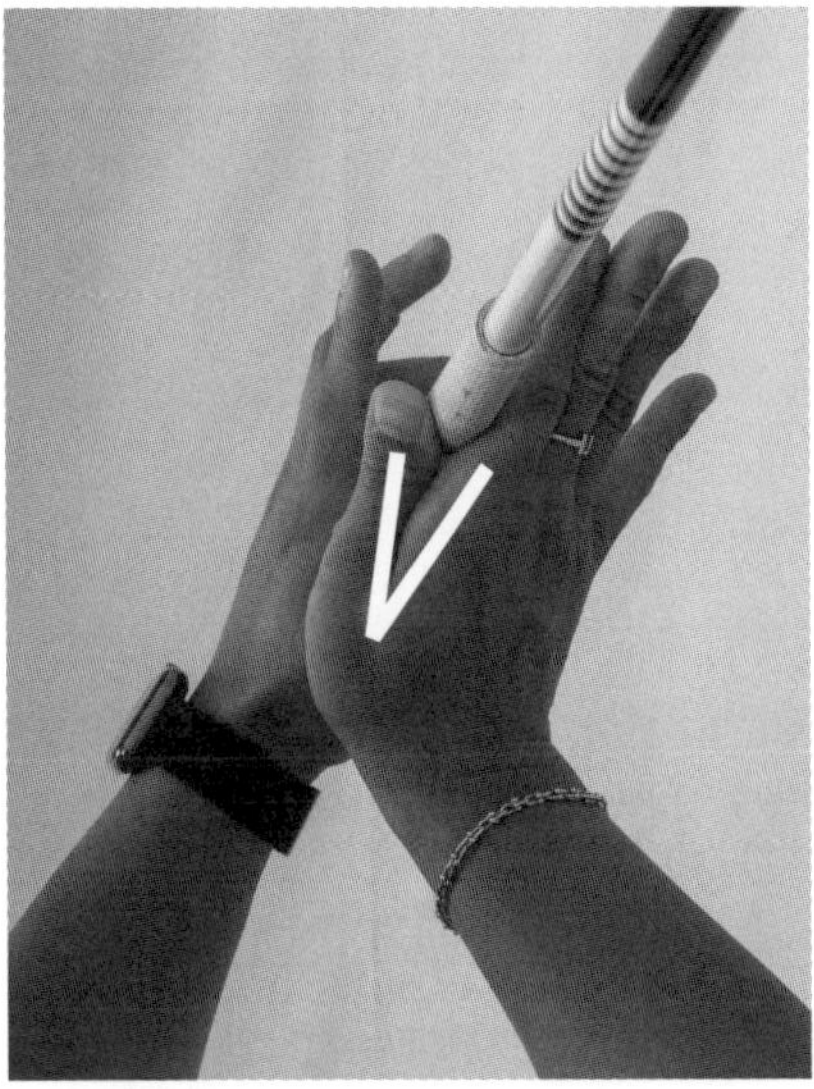

右手親指と人さし指の間にできるV字を締めてクラブの勢いを受け止める

6 右手は「グリップ」というより「V字で支える」だけでいい

「えっ、右手の説明って、それだけ?」と思いますよね。「それだけ」なんです。V字で支えて、残りは引っかける。

それだけでは、手のひらとグリップの間はすき間だらけ。それでいいんです。すき間があるのは、そこに左手が入ってくるからです。これまでも誰もが、右手のひらとグリップの間にすき間がある状態を許してきていたわけです。それなのに、左手だけ手のひらを密着させなければいけないと考えるのはおかしくないですか? 右ではすき間があっても大丈夫と考えていたはずです。ならば、左手にもすき間があって大丈夫のはずではないですか?

ものすごく大きな衝撃を受けなきゃいけないのに、その備えにならなそう? そんなこと、ないんです。衝撃のひとつ目、目標方向と反対向きに押される力に対しては、右手の手のひらが壁になっているので、押されたりしないのです。もうひとつの、フェースの向きが変えられる力に対しては、左4本指の万力と左親指ではさんだ力、そしてそれを右手のV字でサポートする状態をつくっておくことで、十分対抗できるのです。

最大限の飛距離を出そうとすれば、ものすごく大きな衝撃があるわけですから、それに対抗する力も大きなものが必要となります。でも、グリップにおいては、全部の指や手のひらも使わなければいけないかというと、そんなことはない。必要な箇所で、必要なだけ力を使えば事足りる、ということです。そして、それはグリップだけでなく。全身の他の箇所でも同じ発想になることは、頭に入れておいてください。

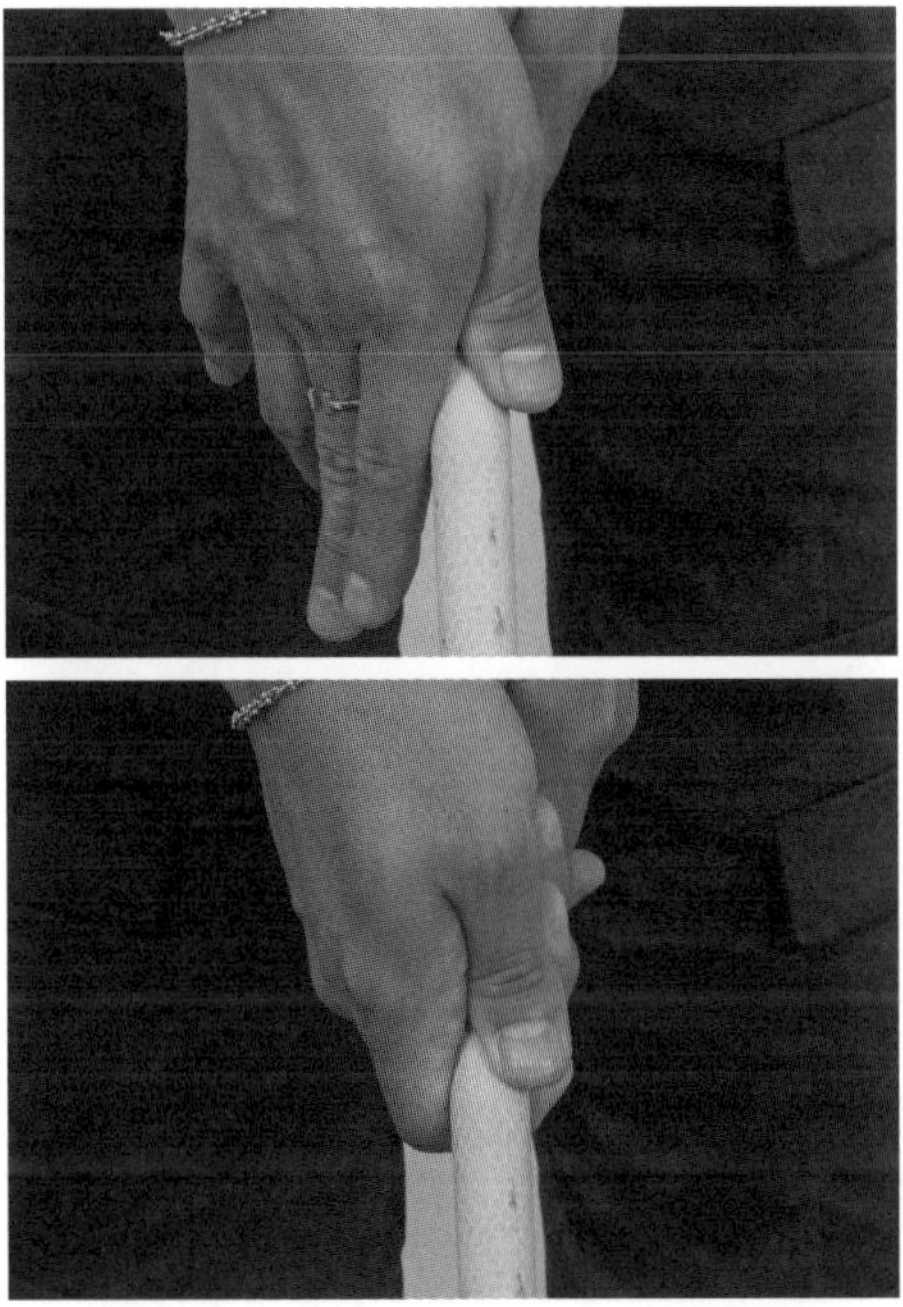

左手親指の上に、右手のV字をぴっちりと締めて乗せる（上）。実はこれだけでもボールを打てる

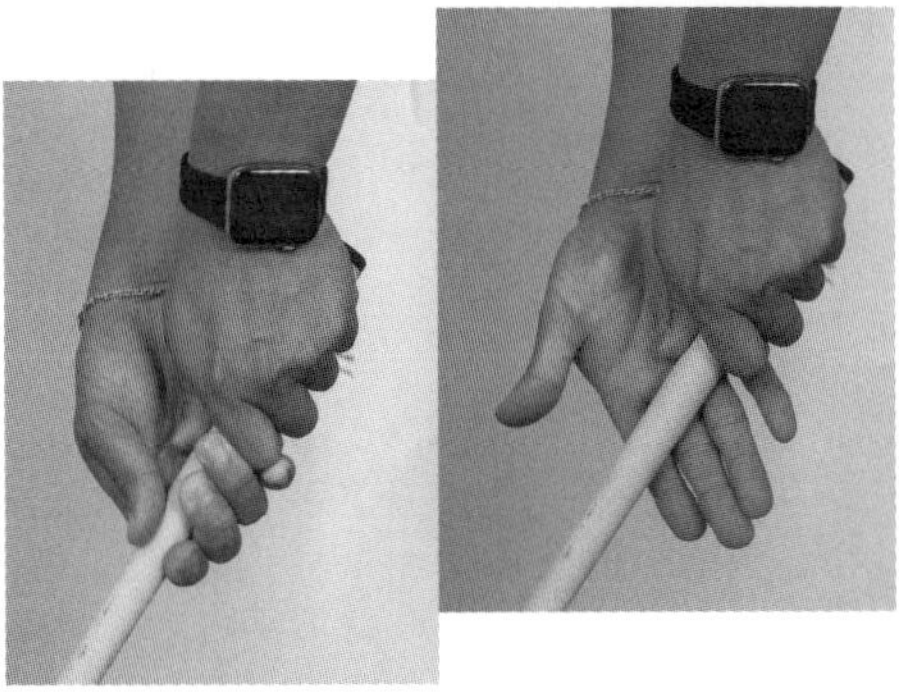

右手の残りの指については指先をグリップに引っかけるイメージ

7 クラブと腕の角度を左手の力でキープする

左手はクラブをしっかり支えるのが役割です。具体的に言えば、腕とクラブにできる角度をキープすること。クラブと体をつなぐ支点が安定することで、クラブの動きの誤差を抑えられます。

よく言われるのは「小指から3本でしっかり握る」ですよね。でも、力の弱い小指を含めた3本指で固定しようとしても、クラブは重いんです。小指側3本の力では足りないから、巻き込むようにして手のひらまで使って、密着する面積を増やして支えようとしてしまうのです。

でも4本の指を使い、しかも指先でしっかりはさんでおけば、親指で上から押さえることで、固定しやすくなります。

クラブの根元側をこうしてしっかり固定することで、右手を使ってクラブの先端側を操作して叩くインパクトをつくることができます。右手の力や感覚でクラブを自在に動かしたいので、グリップの右手部分は細くなっているわけです。細いから繊細な感覚を活かして使える。太ければ右手で操作しづらくなります。だから、プロの中でもアプローチで手先を使った小細工を排除したいタイプの人は、アプローチで使うウエッジなどのクラブのためには、グリップの右手部分を太くしているのです。

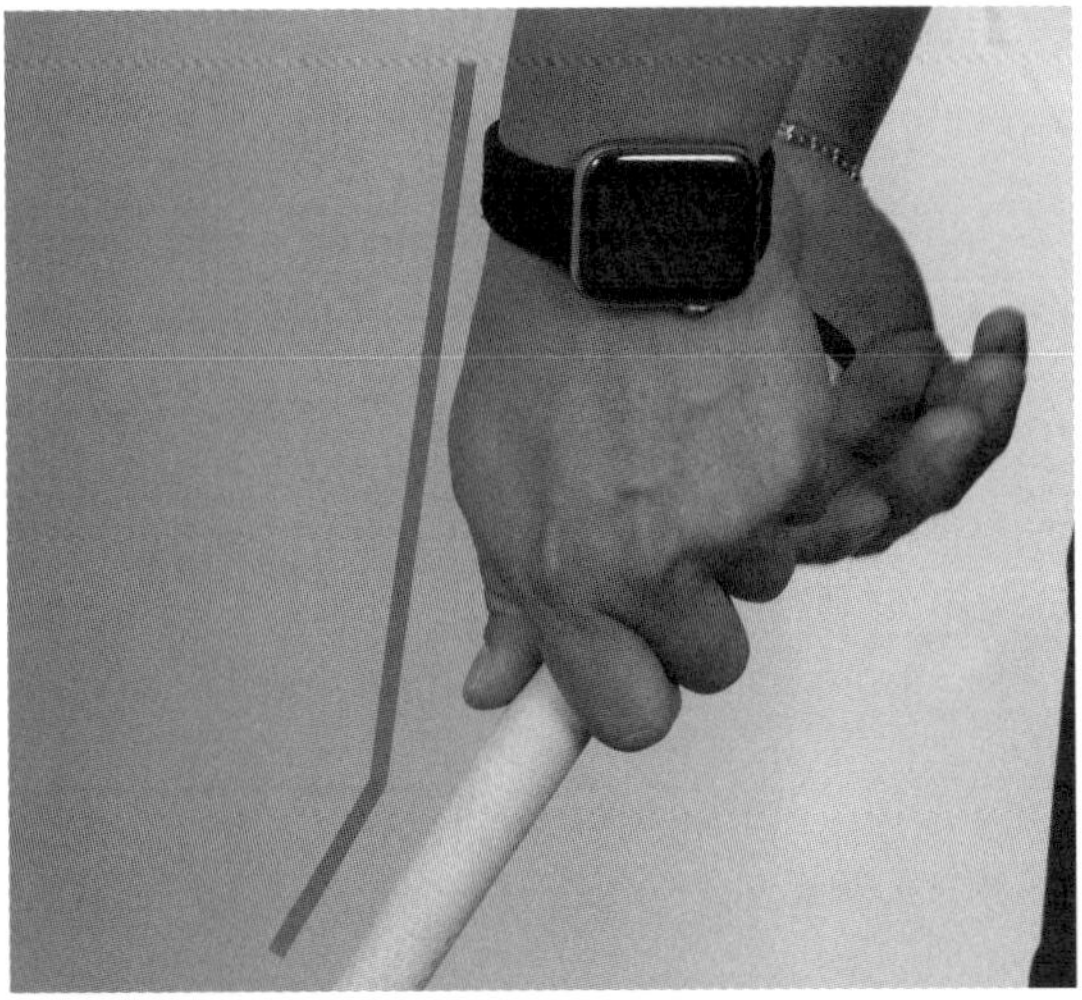

左手は4本指の指先でしっかりはさむことで、腕とクラブの角度をキープしやすくなる

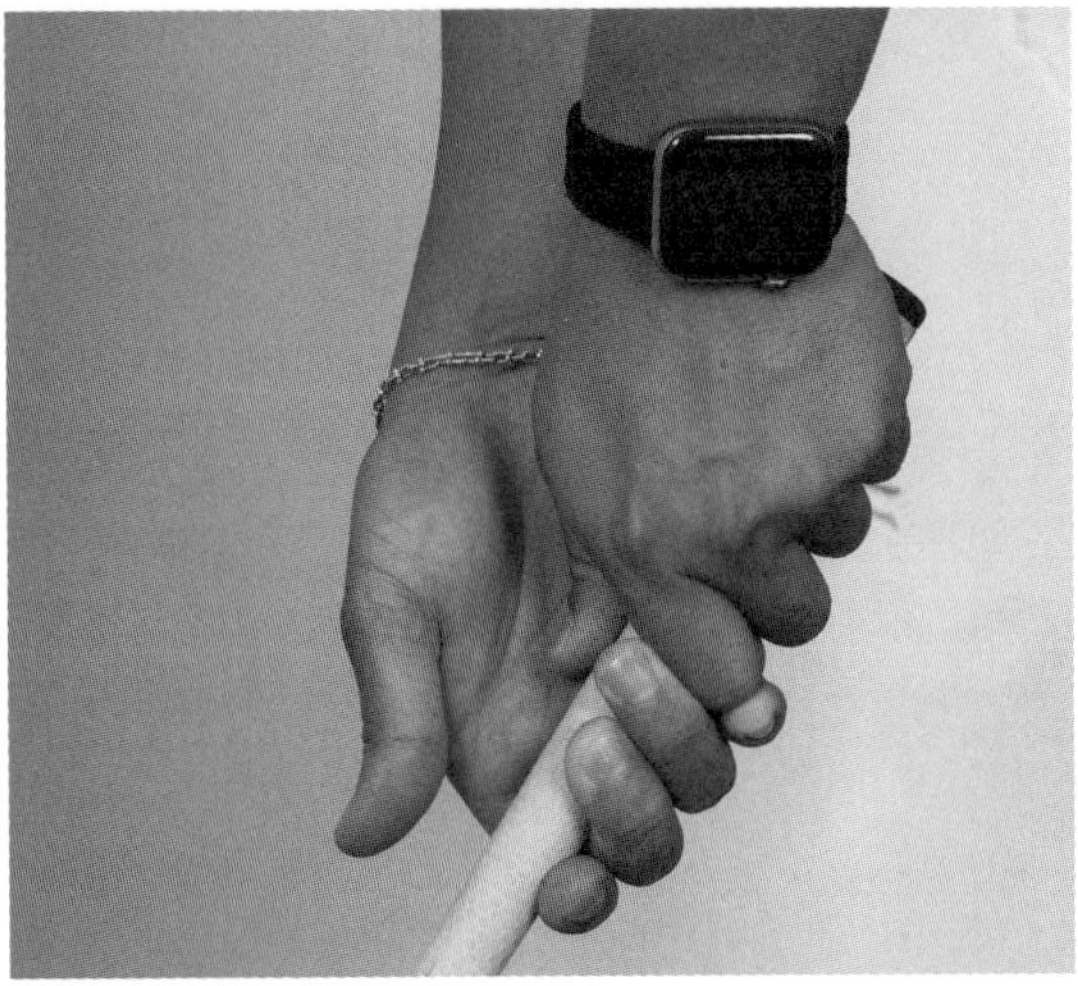

左手でしっかり支えておくことで、グリップの細い部分にあてがった右手でクラブを操作できる

8 グリップのつまみ方は目的ごとに変わる

「グリップはいつも同じ」と考える人が多いのですが、プロや上級者は目的によって、あるいは番手によって握り方を、普通に、変えています。

飛ばすか飛ばさないかで、つまみ方、握る場所を変えるのです。

ドライバーは飛ばすのが目的ですから、4本指の指先側が全部使えるように握ります。そうすると、親指はグリップから遠くなります。そのため、親指を立ててグリップを上から押さえることができます。「飛ばす」ために強く速く振ればクラブを制御するための力もそれなりに必要ですが、そこでムダに動かないように親指で押さえる力を使えます。

それに対して、飛ばさないクラブの握り方は、4本指は指の根元から手のひらに対して斜めにあてがう形になり、親指はグリップに近くなります。親指を横にして(グリップと平行にして)グリップに沿わせるので、親指の力が入らなくなるのがポイントです。

飛ばさないスイングの場合、イメージした動きに忠実にクラブを動かしたいわけです。飛ばさないので、力もそんなに使っていません。スピードも遅く、遠心力も大きくはたらかない状態なので、親指に余計な力が入るとクラブの動きを乱してしまいます。力の入らない状態にしておいて、それを避けたいのです。パターがその極めつけで、グリップの上側の面の平らなところに親指を根元から指先まではわせるように乗せます。ぺたっとはわせてしまうので力が入らず、余計な力が入ることもなくなり、ミスが少なくなるという理屈です。アプローチのときの握り方も同じです。

その結果として、飛ばさないクラブでは、腕とクラブでできる角度が広がって、一直線に近い状態になります。

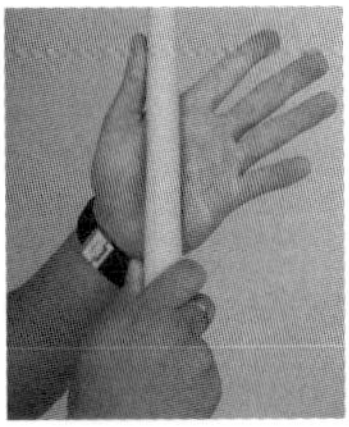

手のひらにあてがって握ると、手のひらはクラブに対して斜め。それが下のBにつながる

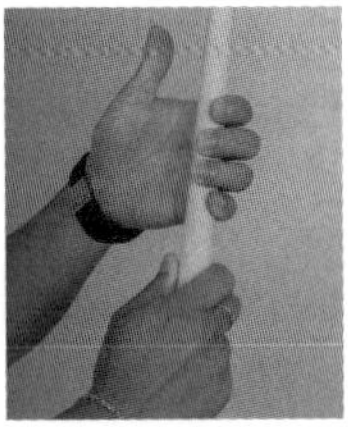

4本の指先ではさむと、手のひらに対してクラブは直角に近い角度。それが下のAにつながる

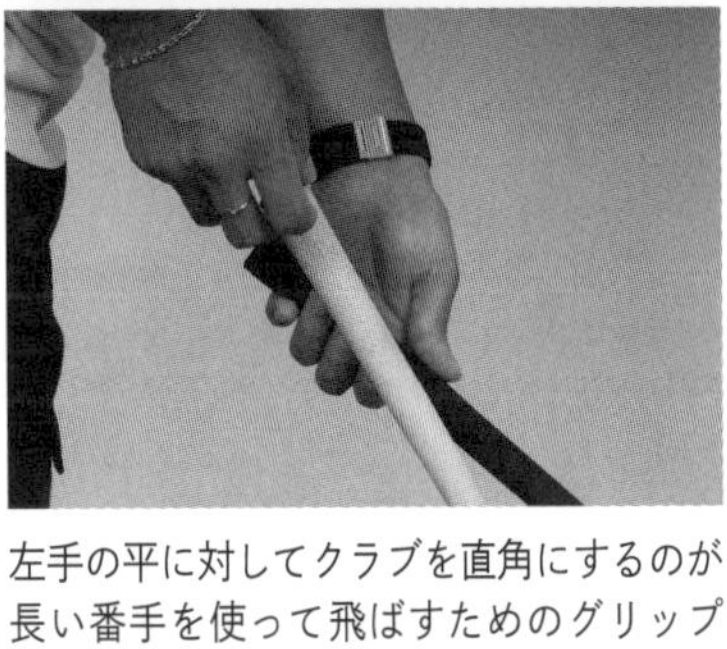

左手の平に対してクラブを直角にするのが長い番手を使って飛ばすためのグリップ(A)。斜めにするのが飛ばさなくてもいい、短い番手のためのグリップになる(B)

9 飛ばすクラブはショートサムで腕とクラブの角度をつくる

グリップが左親指から遠いと、親指は先端で上からグリップを押さえる形になります。親指がグリップに接しているのは指先だけの、いわゆるショートサムです。これが飛ばすときのグリップ。

この握り方をすると、腕とクラブの角度は直角に近づきます。手を開いてみれば、小指の付け根から人さし指の付け根にあてがってグリップを握っているのですから当然です。小指から人さし指まで4本指とも、指先をしっかり使える状態で握っているわけです。

腕とクラブの角度ができているため、ヘッドの位置が自分から近くなります。しかも、クラブを上げていくと、クラブが立っているので、軽く感じます。軽く感じるということは、支える力としては少しで足りるわけなので、それ以外の力をすべて振る力、叩く力に使えます。だから、飛ばすときの握り方として適しているわけです。

逆も考えてみてください。左親指から近いと、親指は根元から指先までをグリップにつける状態になり、ロングサムになります。腕とクラブの角度はより大きく広がりますから、ヘッドは体から遠くなります。上げていくときにクラブを立てるとしても、遠くなる分、重さを感じることになります。それを支える力が必要となるので、振るために使える力は少なくなります。飛ばさないスイングのときには有利ですね。

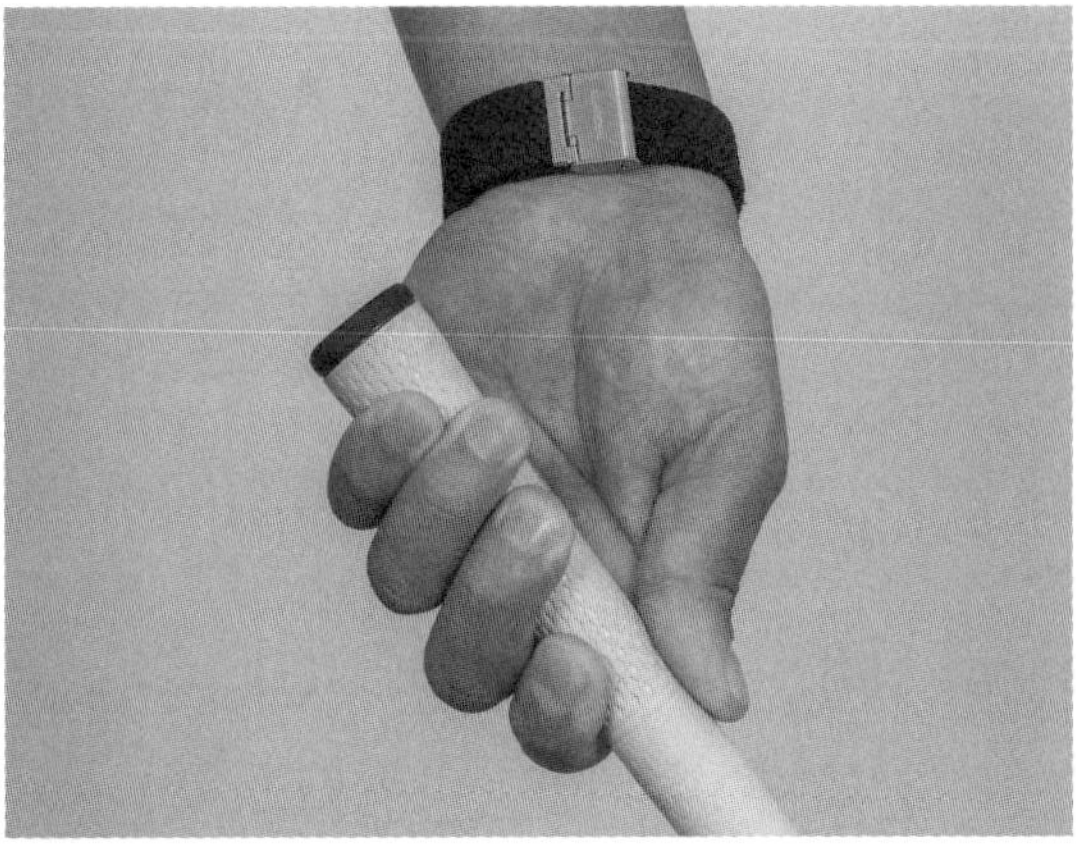
手のひらをクラブと直角に近い角度にしてグリップすると、左親指は指先がグリップに乗るショートサム（短い親指）となる。これが飛ばしたいときのグリップ

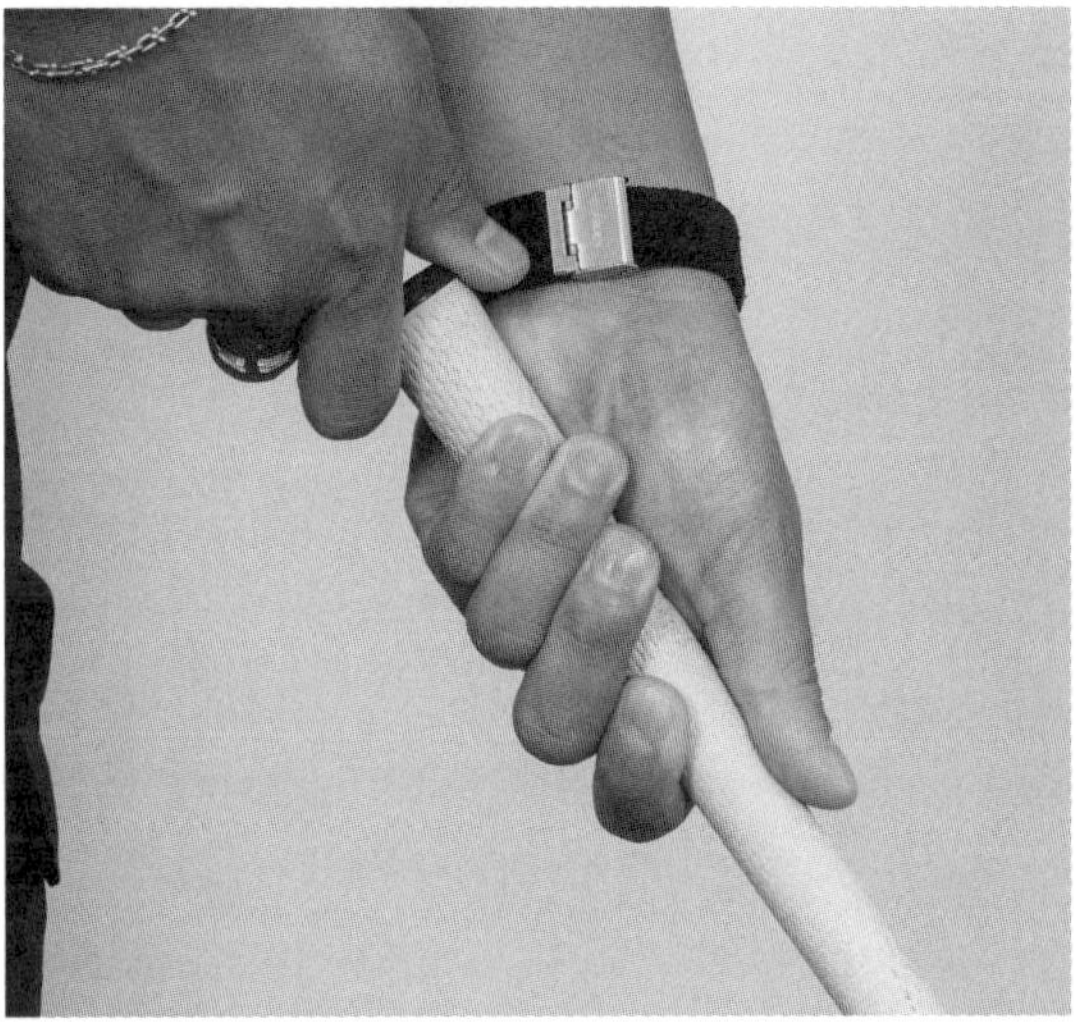
手のひらをクラブに斜めにあてがってグリップすると、左親指の付け根から指先までがグリップに密着したロングサム（長い親指）となる。正確性を優先するときの握り方

10 両手のひらの向きに決まりは一切ない

両手のひらの向きを平行にしたほうがいい、という人がいますね。平行にしたほうが、動きがスムーズになるのを感じるのでしたら、そうすればいいと思います。

手のひらの向きによって、手首の向きが決まります。手首が折れる方向が決まるわけです。両手のひらを平行にしておけば、両手ともに同じように折れることになるはずです。ただ、だからといって「絶対的にいい」わけではありません。手首が折れる方向は、手首をセットした向きでどうにでもなるからです。「手首を縦に折るのがコッキングだ」とか言いますが、縦に折れる向きに手首をセットすれば、その通りになりますが、斜めにしておけば、「縦と横」の中間の向きに折れるわけです。そしてそれでも何の不都合もありません。「コッキングでクラブを動かさなければいけない」ということはないのです。右手首と左手首の折れる向きが違ってもいいですし、それでスムーズに動かせるなら、それでＯＫです。

ただ、こういうことも言えます。手のひらの向きを平行にしておくと、前腕の向きがそろいます。前腕の向きによって、腕の前側と後ろ側、あるいは親指側と小指側の、それぞれの筋肉の使用度合いが変わってきます。そろっていない場合、動きがバラバラになる人もいるでしょう。でも、この部分は個人差があります。そろっていないけれど、そのほうが振りやすいという人もいると思います。

実際プロにも、右手だけ強烈なフックグリップにする人はいます。逆に右手だけウイークという人はいませんけれど。

振りやすい向きにすればいいんです。平行にしなくちゃいけないと神経質になるのは、時間の無駄です。

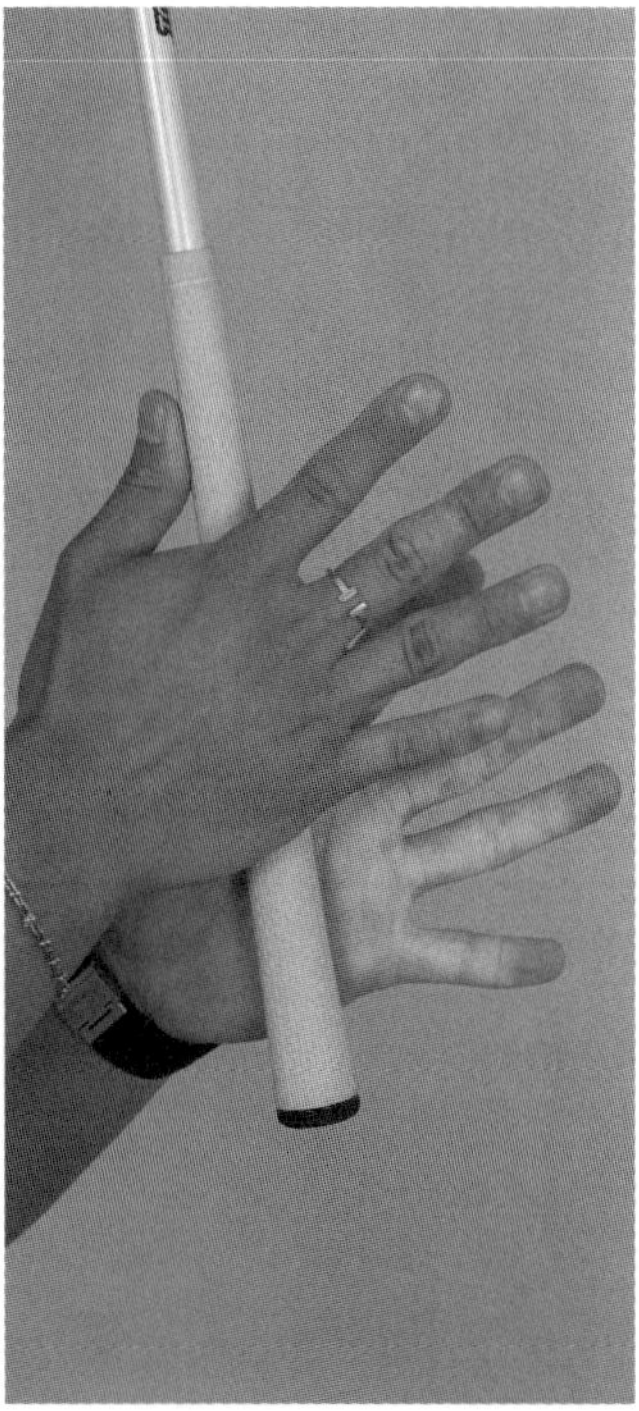

両手を平行にしなくてはいけないという考えはもたなくてもいい

11 両手の間隔は狭く。でもインターロッキングは勧めない

左手と右手を合わせた距離は近ければ近いほうがいいと言えます。離れると、回転させる先端の速度が落ちるからです。支点が大きいほど、エネルギー効率が悪くなるという説明もできます。ただし、支点を「小さくするほうが有利」といっても、左手と右手を完全に重ねると、ひとつの手の力だけで固定することになり、力が弱くなるので「できるだけ近い距離」という発想にします。理想的な答えは、「できるだけ握る指の本数を多くし、できるだけ距離を短くする」です。

グリップのスタイルとしては、テンフィンガーかオーバーラッピングを推奨します。右手の小指はそれほど力がないので、加えなくてもあまり変わりません。だからオーバーラッピングのように右手の小指の握力を捨てた握り方が生まれてくるのです。テンフィンガーにする場合は、右手小指と左手人さし指の間にすき間ができないようにして、「支点」をできるだけ小さくすることが大切です。

しかし、インターロッキングはダメです。手のひら側で握る場合はそれほど問題は出な

いのですが、ここまで説明したように指先で握る場合、インターロッキングにすると、右手小指が痛くなってしまうからです。インターロッキングにしているプロゴルファーは右の小指が曲がって薬指に重なってしまっている人が多いのですが、それは痛みを我慢して無理な状態で振り続けてきたことを意味しています。しかしそれはつまり、指先で握っていることの証明でもあるのです。

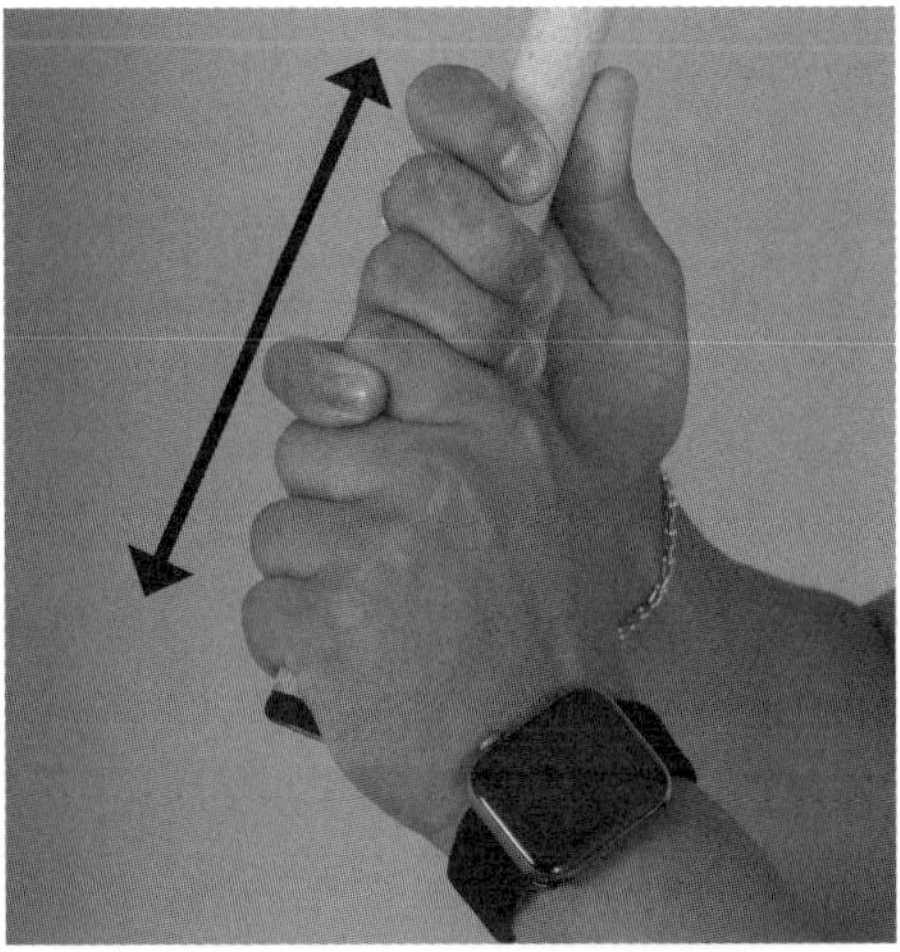

左手小指から右手人さし指までの距離（矢印で示した長さ）を短くしたほうがクラブヘッドを振りやすくなる。そのため、右手小指を左手と重ねるオーバーラッピンググリップがお勧め

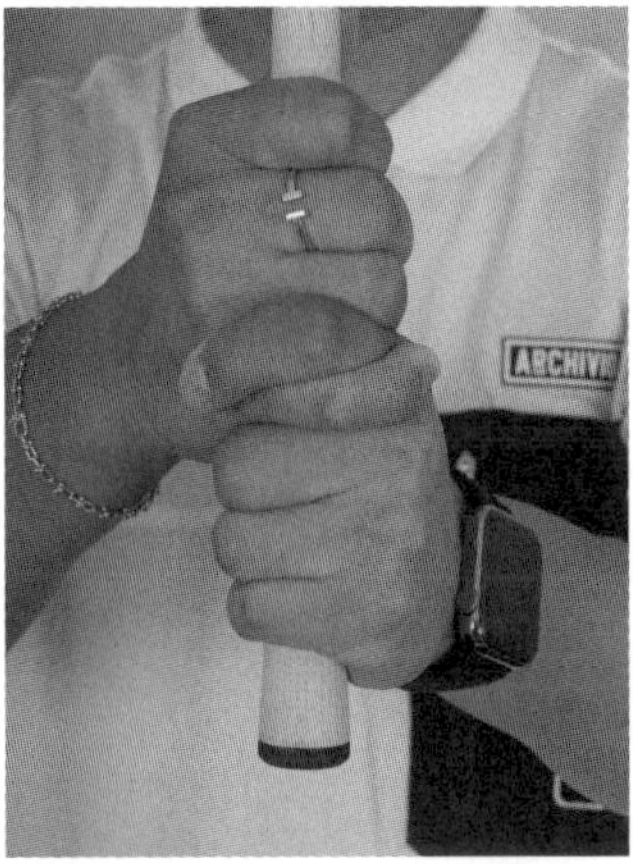

指先で握る場合、右小指を左手の人さし指と絡めるインターロッキンググリップでは、指が曲がって痛みが生じやすい

12 グリップは「ソフト」ではなく「しっかりはさんで」支える

グリップはしっかりとはさんで（つまんで）固定する、と説明してきました。

「えっ？　違うでしょ。グリップは〝小鳥を包むように〟やさしく、というのがセオリーのはず」と思いながら、読み進めてきた方もいらっしゃると思います。

でも、これはプロゴルファーの言葉です。ものすごい球をものすごい数、打ってきた人が放った言葉なのです。ものすごい握力をもっている人なんですよ。ゴリラみたいに。そんな人が「やさしくソフトに握れ」という「ソフト」と、一般のゴルファーがイメージする「ソフト」が同じであるはずがないと思いませんか？

強く握れる人が、力をフルに使ってクラブを振り回すと、ヘッドが暴れて仕方がなくなるのです。だからソフトに握ります。けれど、彼らにとってはソフトのつもりでも、速く振るために十分な力はあるし、脳がリミッターを外すには十分なだけ固定できていると捉えるべきなのです。

私のこれまでの研究からいうと、ヘッドスピードの数字（キロメートル毎秒）と握力の数字（キログラム）は同じだけ必要と考えられます。ヘッドスピードで40キロメートル毎秒を出したかったら、握力は40キログラムが必要。そうすると、理想的なインパクトをして、ボール初速が……と、細かな計算は省きますが、３００ヤード飛ぶ計算となります。私のスクールの生徒で、握力が35キログラムで３００ヤード飛ばす人は、ごろごろいます。日本の普通のオジサンでもそれだけ飛ばせる力をもっているのです。

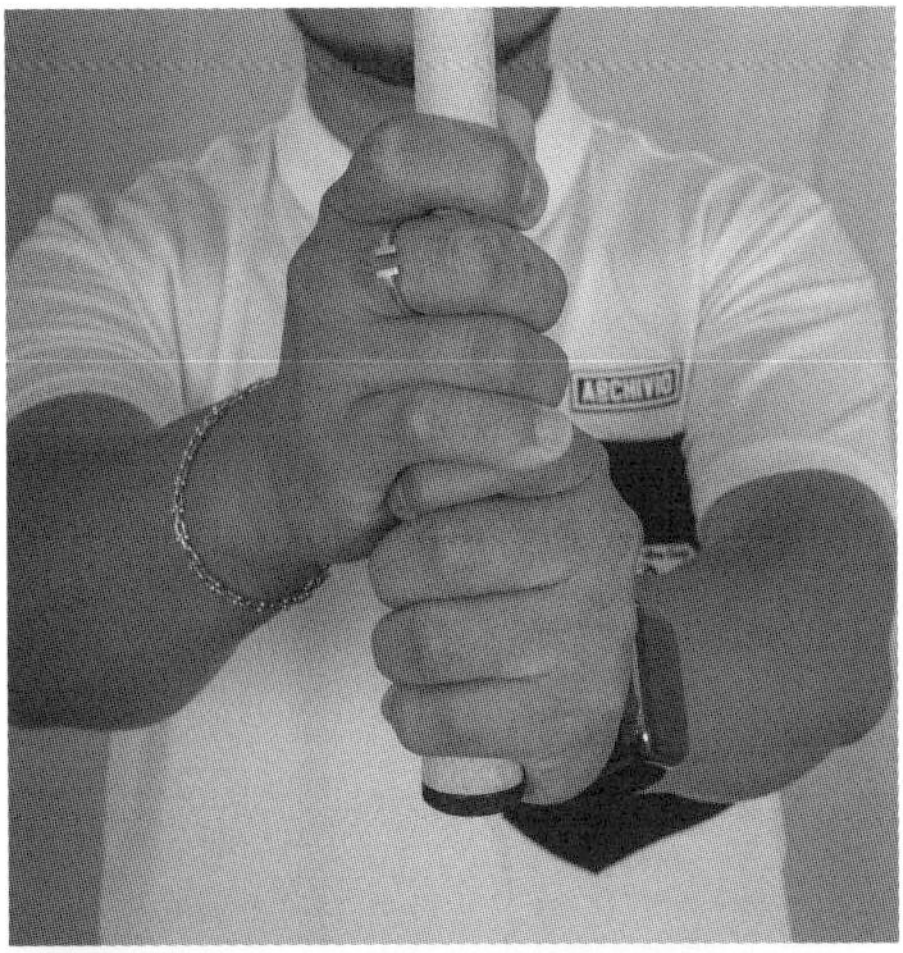

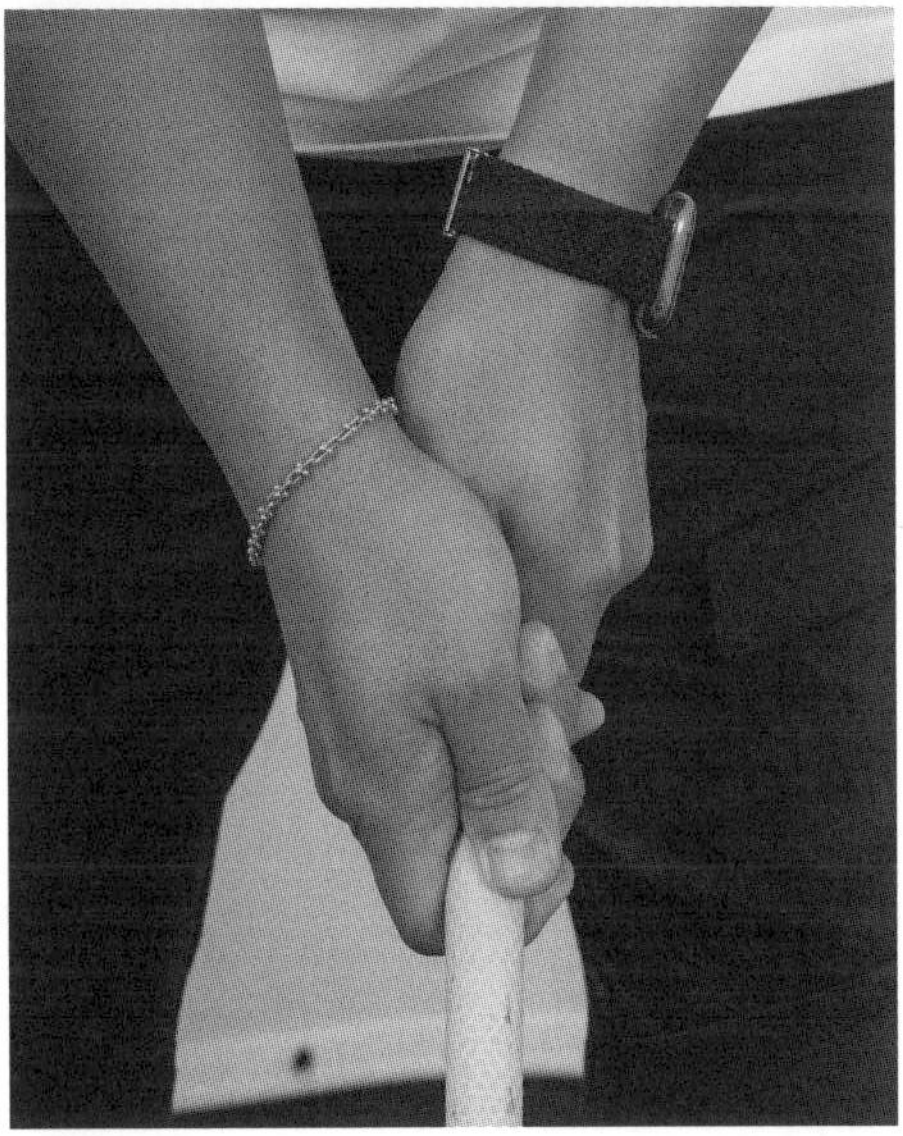

飛ばすためのグリップの完成形。クラブを制御するために必要な「握る力の入れ方」については、筋力の大きさによって感覚が変わってくる

13 グリッププレッシャーは強いまま一定にする

どのくらいの力でグリップするのか、ということですが、自分が「ソフト」と感じていようが、どうであろうが、これからつくろうとしているインパクトの衝撃に負けないものであれば問題ないわけです。強さの問題としては、だから、簡単なのです。

問題は、もうひとつ。これはよく言われることですが「グリッププレッシャーは、スイング中ずっと一定にする」。これは、本当に確かなセオリーです。プレッシャーが変わることで、クラブの動きは乱れます。体の動きも変わってしまいます。だから、アドレスのときに、しっかりと自分の振りたいスイングに合わせた強さでグリップする。そして、打つまで1ミリも変えてはいけない、ということです。100の力で打つならば、100でアドレスからインパクトまで。

「あれれ、100で握ったら、ワッグルのときの手首の動きが出てきません」という人、いますか？「100で握る」というのは、指先ではさむ力を100出している状態を意味しています。それで衝撃への備えとして足りないと感じると、指先の100の力に加えて、

グリップを握る強さは、アドレスからバックスイング、ダウンスイングまでずっと一定にするとミスが出にくくなる

前腕から上腕に力を入れたり、肩をすくめたり、顔がゆがんだりしています。それをやってしまうと、ワッグルができないのも仕方がありません。ダメです。

握力の１００だけで支える感覚を学んでください。

握力を出し切ってもまだ衝撃に備えるには足りないという人は、今の握力に合わせた衝撃しかつくれないということになります。あるいは、握力を高めていくか、必死に指先ではさんで振っていれば、握力はついてきますから、安心してください。

14 フェースの向きがスクエアなら手の甲の向きはどうでもいい

ここまでの説明に従ってつくったグリップは、スクエアグリップなのか、ストロングなのかウイークなのか。

「スクエアか、ストロングか、ウイークか」というのは主に「見え方」で分類しているようなものですが、それには意味がありません。

最初に左手の指先でグリップをはさむ段階で、フェースの向きはスクエアにしています。左手の4本指でグリップをはさんだあとに、手のひらの余った部分をつぶしていきますが、手のひらがどのくらい余っていたのか、それをどう処理するかで、「見え方」はスクエアにもストロングにもウイークにもなります。つまり手の大きさや形によって全然変わってしまうのです。

指先ではさむことからつくり始めたグリップならば、手のひらが大きく余るわけですから、それをグリップの上にかぶせれば、ストロングに見える確率が高くなっているとは言えます。でも、「見え方」の問題でしかないのです。

本当に問題になるのは、それでできあがったときのフェースの向きです。余った手のひらを処理する際に、フェースの向きが変わってしまっていたら、真っすぐ打つのは簡単ではなくなってしまいます。

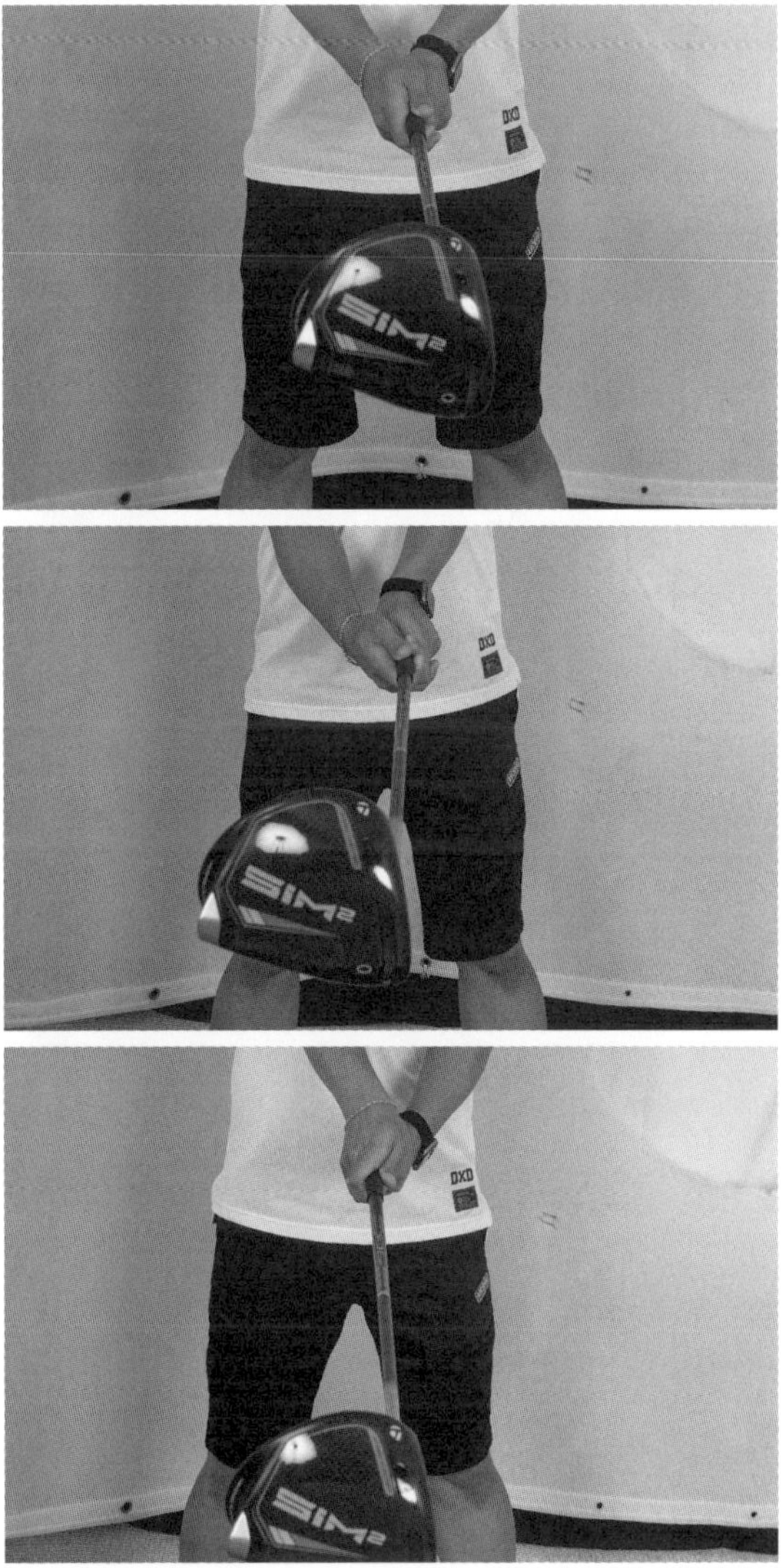

スイングした際、インパクトでフェースの向きがスクエア（目標に対して真っすぐ向く）になるような向きでもつ

15 ボールの捕まりが悪いならストロンググリップを試す

大切なのはインパクトです。フェースの向きに関して言えば、思い通りの向きでインパクトをつくれなければ、意味がありません。

「ボールが捕まらないようなら、ストロンググリップにすると捕まりが良くなる」ということは利用していいでしょう。左手で言えば、手先を右に回し、手の甲が斜め上を指すように向けて、グリップをつくります。その状態でスイングをすれば、腕は自然に、手の甲が目標方向へ向くようにねじれていきます。これは、フェースを閉じる動きになりますから、ボールが捕まります。

打ってみて、ボールが捕まるかどうか。これは、誰か他の人が決めてしまえるものではなく、結果を見ながら自分で探すしかないのです。

細かな話をすると、左手の甲をかぶせると、上腕は多少ねじれ、手首が折れます。手の甲を目標のほうに向けると、上腕のねじれはなくなり、手首は伸びます。スタート時点での状態が違うのですから、バックスイングしていくと当然手首の動き方は変わるわけです。

もちろん、どちらも間違いではありません。どちらが違和感がないか、どちらが再現性が高いのか、よくよくテストをして選んでください（この手首の動きについては、スイング動作編で詳しく説明します）。

蛇足ながらつけ加えておくと、２０２１年時点のゴルフクラブを使う世界において、ストロンググリップにしている人は、長距離ヒッターが多い。これは間違いなく、そう言えます。なぜかというと、ストロンググリップにしておけば、自然にフェースが返ってくれるということを利用してスイングしているからです。フェースの向きについては「自然にスクエアになりながらインパクトしてくれる。自分は何もしなくていい」と信じ切って、意識とエネルギーをすべて、体の回転に注ぎ込むことができるからだと考えられます。

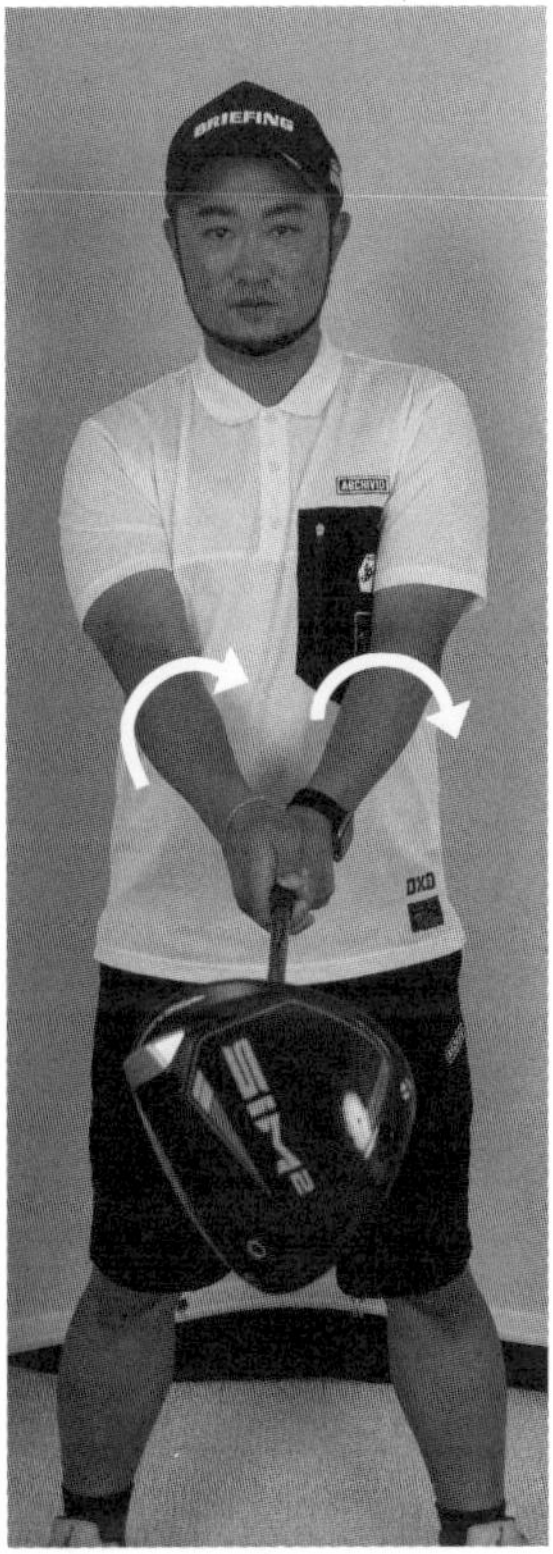

スイングした際、インパクトでフェースの向きが開いてしまう人は、ストロンググリップにすると、自然にフェースが返ってボールが捕まるようになる

コラム❷

理論に「合う・合わない」はあり得ない！

スイング理論はたくさんありますが、本当にたくさんあっていいものでしょうか。
「こういう人には、この理論」「でも、ああいうタイプの人には、あの理論が合う」というのは、つまりは普遍的な理論ではないわけです。

私が目指したのは、その普遍的な理論です。地球上で、人間の体を使い、ゴルフクラブというものを使って、地面に置かれたボールを打って、狙った方向へ飛ばす競技のための、動き方において、普遍的なもの。

理論というものに「合うか合わないか」などというものはないはずです。数学の答えの求め方は、公式に当てはめるだけ。合う、合わない、という要素はありません。合わないのは、問題で求められていることに対して、違う公式を当てはめようとした場合でしょう。ゴルフのスイングをつくる際に、テニスラケットを持ってきて、バットスイングの理論を当てはめようとしているようなものです。

数学ならば、この問題に答えるためには、この公式を当てはめればいい。簡単です。この本で説明したゴルフスイングの理論は、ゴルフクラブを振って、狙った方向へ飛ばすための公式です。だから、間違いなく、答えに導けるものなのです。

第3章

300ヤード飛ばすアドレスをつくる

強い衝撃を跳ね返すくらい
全身の力を使い切るための構え

1 アドレスはインパクトのイメージからつくられる

アドレスも当然、インパクトの衝撃に備えるためにつくります。と同時に、インパクトで大きな衝撃をつくる動きをするための準備という意味ももっていなければならないわけです。

アドレスは、インパクトで「そこに戻ってくる」形ではありません。インパクトは、動きの結果、そこを一瞬で通過するものであり、動きの中でしかつくられないものです。だから、アドレスでそれをつくっておくことはできないとも言えます。

大切なのはインパクトだと何度も繰り返してきましたが、そうすると、アドレスはインパクトほどは大切でないということでもあります。アドレスをどのような形や状態でつくったとしても、うまく打つことはできるからです。

でも、それでもやはり、イメージしている大きな衝撃をつくり出すインパクトのための準備としてつくることに間違いはありません。インパクトのための準備、というのは、力を出し切るための体の準備でもあります。そして、もうひとつ大切なのは、これから飛ばすんだぞ、という気持ちの準備。心の持ちようの準備です。

飛ばすスイングをこれからつくっていきます。飛ばすんだぞ、という心構えをもって臨んでください。

「どこへどう打つか」を決めると、そのために「どのようなインパクトをつくるか」のイメージが湧いてくる。そのイメージからアドレスのあり方が決まってくる

2 アドレスの目的のひとつ目はアラインメント（方向）どり

体の準備と心の準備という話をしましたが、動きの準備について、2点ほど重要なことがあります。「球を飛ばすための準備」と言ってもいいでしょう。

まず第一に、「ボールを叩く」というインパクトがあって、叩いて飛ばしていく方向に対して、正しい立ち方をしっかりととること（アラインメント）。これは単に、スクエアに立て、ということではありません。

あくまでも目的は、インパクトでイメージしている力の方向を目標に合わせることです。そのための体の向きを、その状況に応じてしっかり考えてつくらないといけないのです。これは立ち位置の傾きや体の状態、打ちたい球筋など、さまざまな要素が絡み合うため、いつも同じとは限りません（スイングの基本的な部分から一歩進んだ、応用の部分でもあるため、本書では詳細に扱いません。が、本書で「力を出す」基本的な仕組みを理解されたならば、コースでの状況に応じた対応もできるようになっていると思います）。

アラインメントに関しては、「これから300ヤード飛ばすぞ～」というのですから、例えば打ち出しで1度、角度がズレているならば、300ヤード先ではどこまでズレるんですか、という話でもあります。インパクトで出そうとしている力の方向は、ちゃんと合っているんですか?ということに、かなりシビアに向き合わないといけません。それができていないと「300ヤード飛ばしちゃうと、どこまで曲がるかわからんからなあ」と脳が判断して、リミッターを低めに設定しちゃうかもしれないわけです。

ボウリングだって、ピンをめがけて投げるわけではなく、手前のスパットを目印にして投げているんです。300ヤード先に飛ばす人はもう、これをやらなければダメですよね。

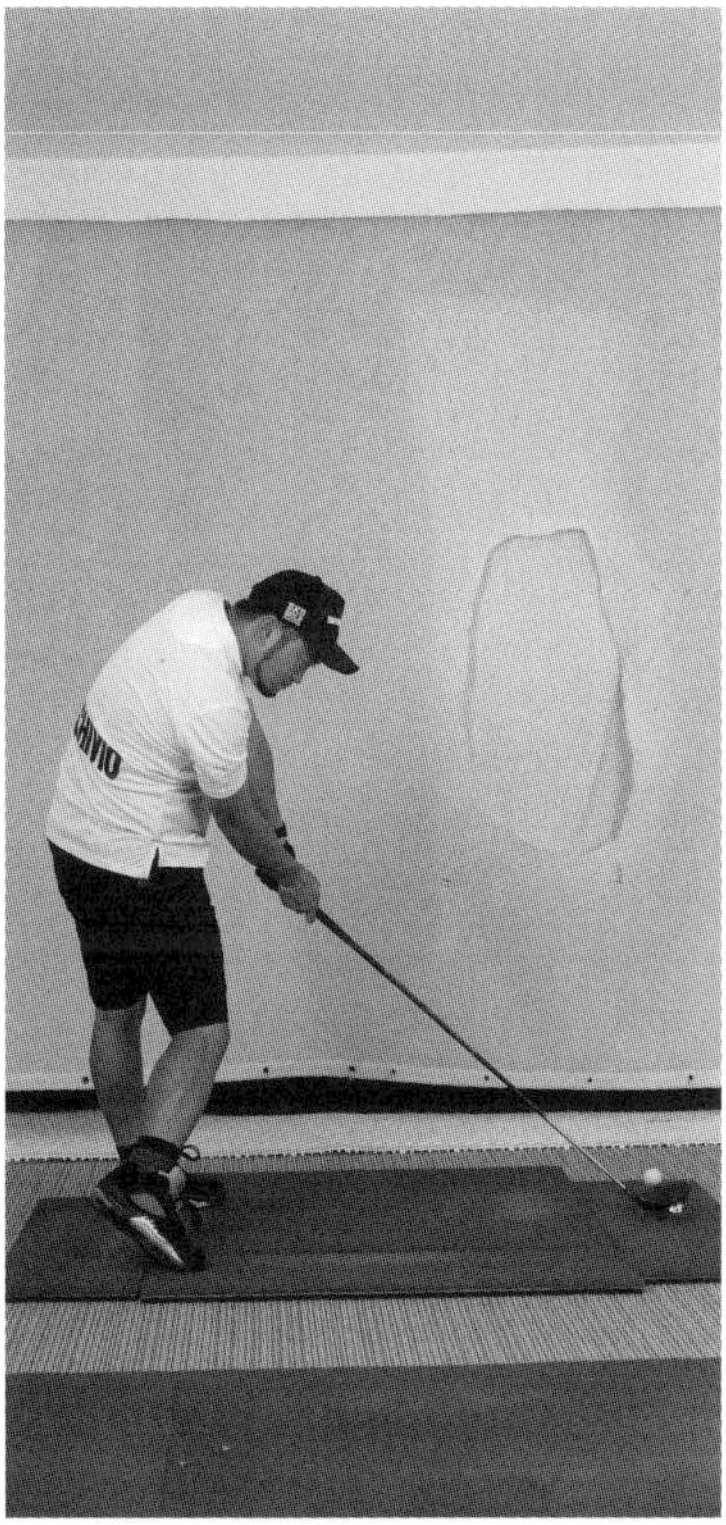

インパクトの衝撃の力を目標の方向に向けることが正確に飛ばすためには必要。インパクトまで動いてきたときに、正しく向けられるかどうかを追求して構えをつくる

3 アドレスの目的のふたつ目は力を出す際の基準点の確認

アドレスのもうひとつの目的は、インパクトで力を加える際に体がどこにあればいいか、正しいところに置いていますかということを確認することです。舞台のお仕事とか撮影とかをされたことがある人はご存じと思いますが、「バミリ」ってやつです。「ここに立て」という目印ですね。それと同じことを、スイングでもしておくんです。そうしないと毎回バラバラになってしまうじゃないですか。

「ボールを叩く」というインパクトがあって、力を出す方向が決まっていて、そこに向かって全身の力を使い切るためのポジション。そのためには、基準点というものを意識する必要があります。基準になるのは、腰です。やはり、体の要なんです。そして、基準点とは、インパクトのときに来ているべき腰のポジションのこと。つまり「ここまで腰を回し、移動しておいて、あとは上半身と腕を使って、クラブを振りに行く」ポジションです。

アプローチなどの飛ばさないでいい動きの場合は、アドレスで基準点に腰をセットしてもいいのです。腰をその位置にセットして、戻ってくる、あるいはそこから動かさずに、腰から上だけを回してバックスイングし、インパクトする。そうすれば、誤差を防げます。これが、アプローチではスタンスを開き、腰を開いて構える理由なんです。

飛ばしたいときは、下半身の動きでつくるエネルギーも得たいわけですから、腰もダイナミックに動かします。動かした上で、インパクトではその基準点に来ておけば、ちゅうちょなく腰より上を思い切り回していけます。だから大きな衝撃をつくれるのです。しかし、アプローチのときのように、基準点に腰をセットして構えるわけではありません。アドレスの形をつくりながら、腰はどこまで回ってインパクトするのか、という基準点についての意識はもっておく必要があるのです。

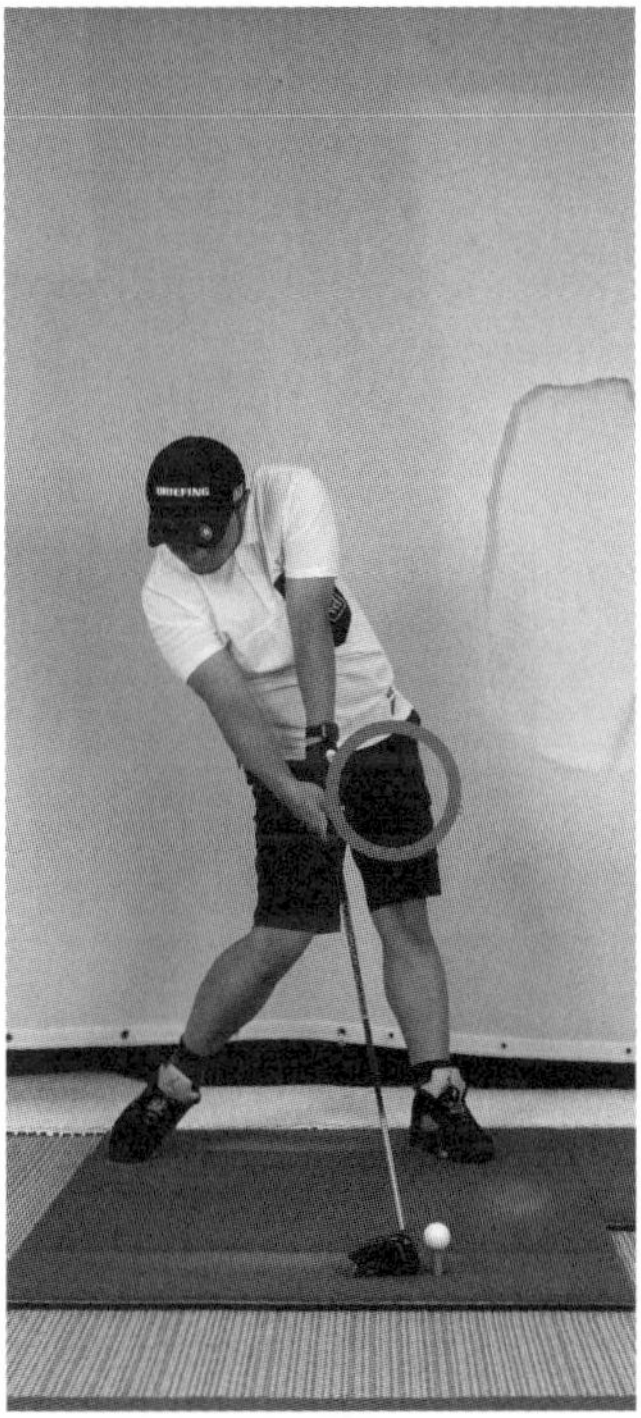

インパクトでの腰のポジションがスイングにおける基準点となる。スイングの中で腰が正しいポジションにくるような構えを考える

4 ボールのどこを叩くかのイメージをもっておく

さあ、ではここからアドレスの説明に入ります！というわけには、まだいかないですね。残念ながら。まだ、アドレスをつくり始める前に必要なことがあるんです。

弾道のイメージです。

弾道のイメージがあれば、「じゃあ、ボールのどこを叩きましょうか」と言うことが決まってきます。インパクトでヘッドをぶつける場所ですから、それによって動きが決まるし、構え方も決まるわけです。

目標に向かって打つわけですから、右打ちの人なら、ボールの右側を叩くわけです。でも、軌道はインサイド・インですから、右側の真後ろを叩くことは難しい。いくらか手前側にはなるわけです。ボールの手前側を叩くのなら、打球はドローボールになりやすくなります。そのイメージならば、ヘッドの動きとしては、インサイドから当てに行く。そのうえで、フェースは開いておかなければ、軌道が正しくてもボールの手前側には当たらなくなります。

フェードボールを打つのなら、ボールの向こう側を叩きます。ヘッドはアウトサイドから当てに行き、フェースは閉じておく。

それだけで体の動きが決まってきますし、構え方も変わってくるのです。

ただ、それは、応用とも言える部分になります。この本ではそれらの中間として、どちらにでも当てはまる説明をしておきます。その説明のままスイングをつくる場合は、軽いドローの弾道をイメージしながら取り組んでください。そして、実際にどっちに曲がるかで自分の球筋を決めてもいいと思います。すでに自分の球筋が決まっているという人は、しっかりそれをイメージしながら、本書に書いてあることを球筋のイメージに合うように調整しながら取り組んでください。

どちらにしても、弾道のイメージはもっておくこと。弾道のイメージをもたないままのスイングづくりは、あ・り・え・ま・せ・ん。

「どういう球を打つのか」によって、「ボールのどの部分を叩くか」が決まり、クラブの動かし方、体の動かし方、構え方が決まってくる

5 クラブのポジションに対してグリップの位置が決まる

では、アドレスの具体的な説明に入ります。

アドレスはどこからつくるか、という問題をまず考えてみましょう。

「インパクト（衝撃）をつくるため」という目的で、アドレスするわけです。ですから、インパクトの意識がなければ始まりません。インパクトは、ボールとクラブヘッドというふたつの物体に起きる事件です。ボールはそこにあるのですから、そこにヘッドをどう当てに行くか。

ここから、すべてが始まるのです。ただ「動きやすい構え」とか「安定する構え」という発想では足りません。大きな衝撃をつくろうという発想があり、その衝撃に備える意識が必要。それらがないと組み立てようがないはずなのです。

ヘッドにはライ角があるので、地面に対してのシャフトの角度が決まり、クラブ全体としてのポジションが決まります。当然、グリップの位置も決まってきます。

このポジションに合わせて、グリップをつくります。いちばん大事なのは、インパクトでのクラブに対して、いかに力を与えられる体のポジションをつくるか、ということになります。

グリップについても、その「向き」は、クラブと体をつなぐという観点でこの時点ではじめて決まるのです。この状態で、力を伝えられるような角度や向きにして、指先ではさむところからグリップをつくり始めるわけです。

「どのようなインパクトをつくるか」でインパクト時のクラブの向きや角度などが決まる。ヘッドのポジションが決まるとグリップの位置も決まる。そこに自分の手を合わせていくという順序でアドレスを組み立てていく

6 足からではなく手から アドレスは決まっていく

グリップが決まったら、それに合わせて順番に体のポジションが決まっていきます。決して、足から決めていくわけではないのです。

地面に対してのシャフトの角度はもう決まっている（クラブのライ角）ので、グリップをつくれば、腕の角度が決まり、肩のポジションが決まります。

肩の位置が決まると、それに合わせていちばん力をつくれる胴体や下半身のポジションが決まってくるわけです。ただし、そこで「順序の逆転」があります。

上半身全体のポジションを決める前に、骨盤の位置と角度を決めるのが先に来るからです。これは、重力というものがある地球上で運動するかぎり「地面に足をつけた状態で力を生み出す」という宿命がついてまわるためです。地面を踏んで生み出す力を最大限インパクトへ伝えるために、最も効率のいい骨盤の位置と角度は、体の構造上決まってしまっているわけです。つまり「骨盤を前傾させる」のですね。

そこまで決まると、次に上半身の背中の丸め方が決まり、そして全体的な前傾角度が決まるという具合に上半身のポジションが決まります。

足は最後で、そこまでできてきたポジションに合わせるだけです。

すべてに意味があり、すべてが必然的に決まってくるということがわかると思います。クラブごとにライ角が違うわけですから、クラブによって手の位置が決まり、腕の角度が決まって、肩の位置が決まり、前傾角度もそれぞれに合わせて決まってきます。

クラブのライ角に応じてグリップの位置が決まる(上)。その位置でグリップをつくると、腕の角度が決まり、肩のポジションが決まる（中)。肩のポジションが決まれば上半身のポジションが決まり、足の位置も決まる（下)

7 骨盤を前に倒しておくと回転中の起き上がりを防げる

骨盤の傾け方について、補足しておきます。体の構造上、骨盤、つまり腰は文字通り「体の要」なので、体の動きはすべて骨盤の動きに「ついていく」と言うことができます。骨盤を立てて構えると、その上で体を折り曲げて前傾していたとしても、体の動きは骨盤の状態についていかざるを得ないため、スイング中に起き上がりが出てしまいます。

起き上がりが出ないようにするためには、骨盤を前傾させておき、前傾させた状態に上半身の動きをついてこさせるようにすることが必要です。

前傾する際に、「股関節から折る」という言い方をする場合もありますが、その表現では股関節をカラダの前面から後ろへと押し込むので、お尻が後ろに突き出ます。お尻が後ろにズレれば、カカト体重になりやすくなります。カカト体重は運動をするには不向きな体勢ですよね。

お尻を持ち上げることで骨盤を前傾させてください。お尻の穴を上に向けるイメージです。そうするとカカトは少し浮きます。速く走るときの体勢と同じです。飛ばしのための体勢は、足の前側に体重を乗せた状態であるべきです。

お尻を持ち上げたことで、太ももの裏側が伸びて、しんどく感じると思います。このしんどさがなくなる程度にゆるめてください。つまり軽くヒザを曲げます。

説明した順序でポジションを決めていった結果、手元と地面の距離（手の角度、腕の角度、腕の長さ、上半身の長さ、脚の長さ）が決まり、それに合わせてヒザの角度などは決まります。はじめに足の曲げ方などが決まるわけではないということを理解してください。

骨盤を前に倒して上半身の前傾角度をつくると、スイング中に起き上がりが防げ、体重を乗せた強いインパクトをつくれる

8 背中の上だけ少し丸めるのがゴルフに適した姿勢

背筋を伸ばす必要はありません。猫背でいいのです。胸を張ろうとすると、背筋がピンと伸びてカッコいい気がしますけれど、ゴルフのためにはプラスになりません。

胸を張ると、肩が胸より前に出なくなります。一見「理想的な姿勢」のポジションに来ますが、ゴルフでそれが意味するのは「腕が短くなる」ということです。腕が短ければ、スイングアーク（スイング軌道の半径）が小さくなるので飛距離を出すには不利です。「腕を長く使う」ためには、背中を丸くします。でもただ、体をゆるめるのでは、せっかくの筋力を使えません。ウエートトレーニングなんかしていなくったって、300ヤード飛ばすための筋肉は、ついているんです。それをちゃんと使わないともったいないんで、使うための準備をしましょう。

腕立て伏せでヒジを曲げたときの形をつくってください。胸を開いていますよね。そこからヒジを伸ばし始めるときの力を入れた状態をつくって、その力が抜けないように猫背にします。

胸の力を抜いた状態でスイングし始めても、インパクトで力を出すイメージをもっておけば力が使える……というものではないんです。使える状態にセットしておいてこそ、使えます。背中の筋肉は、クラブが遠心力で引っ張られるのに対抗するために自然に使われます。後ろ側の力と前側の力、両方を使うことが大切です。どんどん、飛ばす準備ができてきましたね！

胸を張って構えると腕が短くしか使えず、ボールと体の間隔が狭くなる（上）。飛ばしには不利だ。背中の上部を少し丸めると腕が長く使えるため、ボールと体の間隔が広がる。スイングの半径が大きくなるため、飛ばせる（下）

9 背中は丸めるけれど腰は丸めてはいけない

背中の上側は丸くなってOKです。しかし腰は丸くならないように注意してください。腰を反らせるのも間違いですが、丸めるのもダメ。腰は骨盤からそのまま真っすぐになっていて、その上で背骨が首に向かってだんだん丸くなるのはOK、と考えてください。腰から背中の下側を真っすぐにするのは、それが「骨盤の状態が体の動きを引っ張る」という構造の働きを自然に引き出す状態だからです。

それともうひとつ、腰のまわりの大切なことについてつけ加えておきます。おなかです。インパクトの衝撃に備える力を全身で準備していますが、おなかでもその力は出します。おなかの力はとても大切なんです。

おなかは、ふくらませる力を使って硬くします。ふくらませて固めるんです。おなかは、それによってしっかりした回転の中心となってくれます。おなかにしっかり力を入れることで、第5肋間筋から上の、肋骨についている筋肉たちを上手に使うことができ、エネルギーをつくれます。しかも、上半身や下半身を、激しく使っても、尻拭いして、ブレを抑えてくれるんです。インパクトの力を大きくするためにも、せっかくつくったエネルギーを、インパクトのブレでムダにしないためにも、腰は真っすぐさせ、おなかをふくらませて固める。これを意識してください。

骨盤を立てて腰を丸めた構え方では、上半身と下半身の動きを効果的につなぐことができず、強いインパクトをつくれない

おなかを固めることで回転の中心が安定し、スイング全体の乱れがなくなり、インパクトに力を集約できる

10 捻転の大きさ（深さ）でエネルギーを増す

「どの番手も同じように振る」のだとしても、長さの違いによってヘッドスピードが変わり、インパクトの衝撃の大きさも違ってくるわけです。だから備え方も違ってきます。

飛ばす番手ほど、「ここから振り下ろしてボールにぶつけるぞ」というトップの位置が深くなります。深くなれば、それだけインパクトまでのクラブヘッドの助走距離が長くなることと体の捻転の量が増えて、エネルギーを大きくすることができます。逆に、飛ばさない番手ではトップを深くしていく必要がなくなります。

ただ、意識して捻転の量を深くしたり浅くしたりということをするのはあまり勧められないんです。それよりも、自然に、捻転の量が変わり、スイングの動きに乱れの出にくい、いい方法があります。

それが、番手ごとにスタンスの向きを変えること。

エネルギーを大きくするためには、右足を後ろに引きます。そのほうが捻転しやすくなり、トップの位置が自然に深くなります。飛ばせそうですよね。飛ばしたいクラブほどトップの位置を深くして大きなエネルギーをつくりたいので、引く度合いを増やします。飛ばさなくていいクラブ＝ショートアイアンになるにつれてトップの位置は浅くしていくため、右足を引く度合いを減らしていきます。

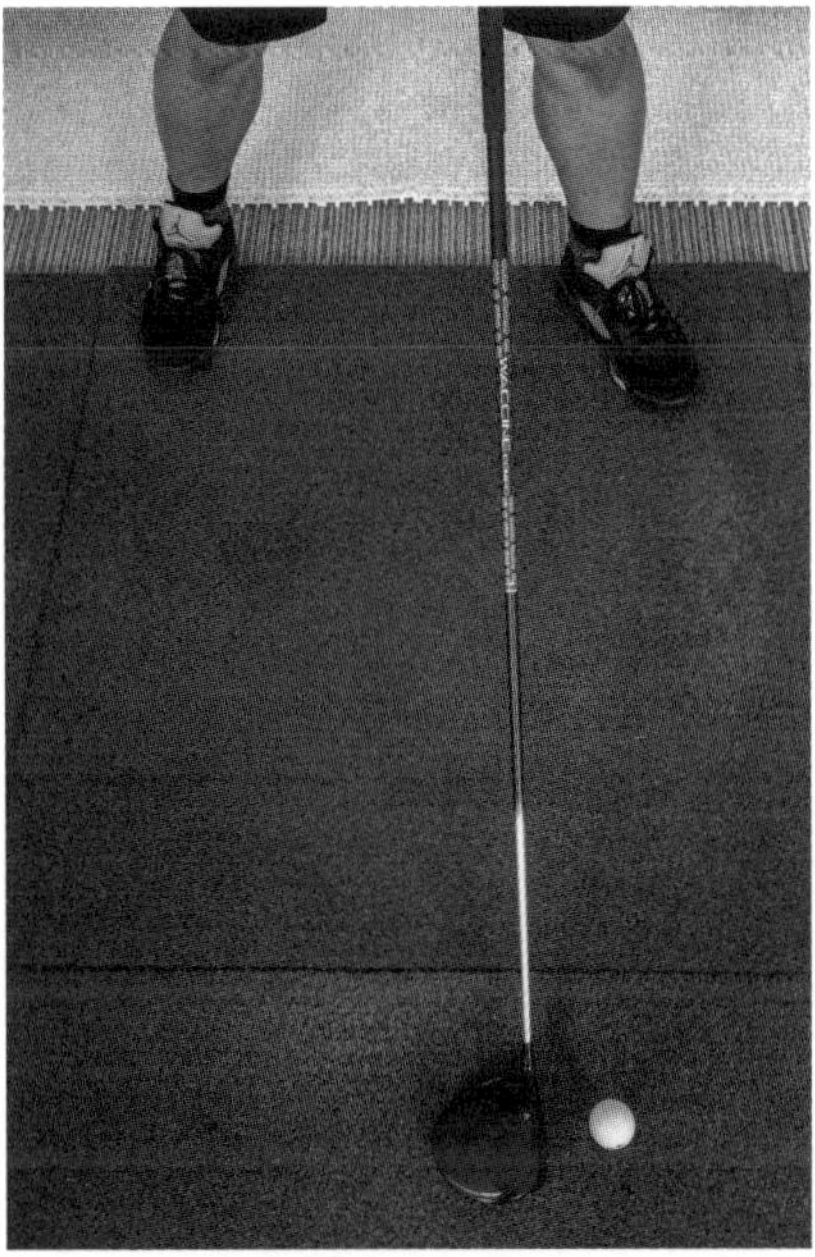

ドライバーでは体の捻転を大きくするために、右足を少し後ろにセット。スタンスの向きについては、いつも同じではなく、体の状態に応じて、変化させることが大切（下参照）

私の場合は7番アイアンが基準

私の場合、コンディションが平均的な日は、7番アイアンが、いわゆるスクエア（飛球線と平行）です。6番アイアンより長い番手は、少しずつ右足を引く。8番アイアンからは少しずつ左足を引いて構えています。しかし、「今日は体が硬いな、回しづらいな」と感じれば、8番がスクエアとなり、「今日は体が良く回る」という日は6番がスクエアになります。普段の練習から、体の回しやすさについて感じとり、番手に応じたトップが自然につくれるスタンスの向きはどのくらいなのかをチェックしておくことが大切です。

11 足先の向きで、体の回り具合が変わる

捻転がスムーズにできて、トップが自然に深くなるほうが、飛ばしには有利になります。バックスイング方向へ回転しやすくするために、右つま先を外に向ける構え方があります。それで回しやすくなる人は、それでいいと思います。

でも、右つま先を外に向けることで、股関節が外（右）を向いてしまう場合があります。そうするとバックスイングのときに、捻った力が「たまらず」、抜けてしまうため、つま先は真っすぐ正面に向けたほうがいいのです。弓矢の弦を右手で引っ張って矢を飛ばそうとしているのに、弓の本体を持っている左のヒジをゆるめてしまうイメージですね。これではエネルギーをためられません。右つま先を真っすぐにしておくのは、弓を持つ左腕を伸ばして弓本体を固定したまま、弦を引くイメージになり、体をひねったエネルギーを十分にためられるようになります。

ただ、体が硬い場合は回りにくくなるのが難点です。それでは飛ばせないので、右足を後ろに引くことをお勧めしているのです。股関節の硬さは、人によってまったく違います。

男性と女性ではまったく違うということもあります。なので、自分で「回りやすさ」の調節をしてもらえれば、と思います。

左足のつま先については、インパクト後の回りやすさにつながっています。振り抜きやすくするには、開いておいたほうがいいという理屈にはなりますが、インパクトのあとのことは関係ないのでどちらでもいいですね。

私の目安を紹介しておきますが、8番アイアンをスクエアスタンスにする日は、左つま先を開いています。6番アイアンをスクエアにする日は、若干閉じています。右は真っすぐで、硬さに応じて引き方を変えるということは、先ほど説明したとおりです。

人によって体の硬さが違うわけですから、つま先の向きやスタンスの向きは違って当然です。同じ人でも、クラブによって違うし、その状況で求めるものによっても変わるし、その日の体の状態によっても違ってきます。これも練習の中で意識して、その日の状態に合わせて構えられるようにしていくことが大切だと思います。

12 最大の力を出せる足の幅は、日によって違う

スタンスの幅も「自分で決める」部分です。人それぞれ体が違いますから、カラダを動かすときに、自分で、いちばん力の入る幅を自分で見つけなければいけないのです。

また、そのショットで求められることによって変えるべきことでもあります。インパクトの力を大きくしたいときは、回転しやすさを優先し、スタンスは狭めがいいでしょう。ただし、体の柔らかさで「狭め」といっても程度が変わると思います。逆に、安定させたいときは広いほうがいい。傾斜地でバランスが乱されかねないときは、広めにしますよね。

また、「いちばん力の入る幅」は日々違ってくるということもつけ加えておきます。トップアスリートで、1日の過ごし方のルーチンをつくって毎日同じにしている人ですら、その日ごとにズレが出てしまうものなのです。「今日は、体の動きが悪い」というときは狭くすればいいのですし、「今日は打球がブレてるな」と感じる日は広めにすればいいでしょう。

100％の力を出す場合は、自分がスムーズに動ける最大限の広さを見つけることが大切です。つまり動きやすさと、速く動いたときの安定感が両立するところを探すわけです。

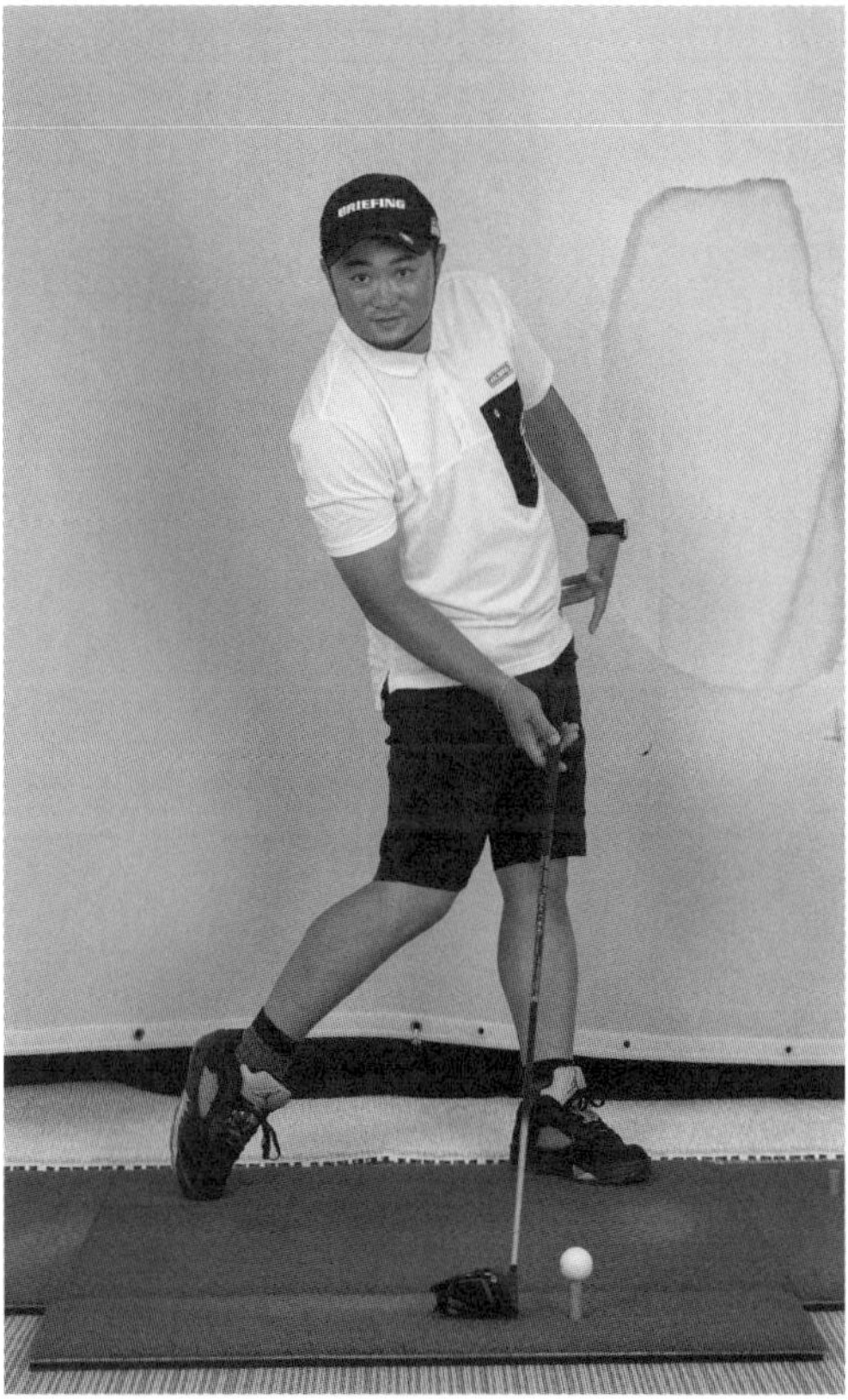

インパクトでの左腰の位置が、自分の基準点（66ページ参照）に無理なく来るアドレスをつくることが大切。その時点での体の状態によってスタンス幅などを調整する必要がある

思いっ切り力を出して素振りをして、いちばん大きな音が鳴らせる音を探してください。

とにかく臨機応変ですが、前提となる条件もさまざまですし、毎回選択肢はめちゃくちゃあるのです。ゴルフをやる以上、生涯ずっと1回1回考えなくてはいけないのが、そのショットに適したスタンス幅だということを理解してほしいと思います。

13 ボールの位置も人それぞれ、日によっても変わる

スタンス幅にも関係してきますが、ボールの位置も、これまた日によって、そして1球ごとに、状況に応じて自分で決めなくてはいけない要素です。

左肩の前とか、ウエアの胸のマークの前とか、色々言われますが、それはヘッドの軌道の最下点を基準に説明しようとしているわけです。しかし、そのような目印は構え方によって変わります。毎回、スタンス幅を変えるべしと言っているのですから、目印は当てになりません。さらに、体重移動の仕方によっても軌道の最下点は変わるので、ボールの位置も変えなければいけないわけです。

少し、体重移動について説明します。体重移動をしてつくるエネルギーで、インパクトの衝撃を大きくすることはできます。ただし、回転でつくるクラブの動きと、体重移動の力をうまくシンクロさせないと、逆効果になってしまうわけです。しかも、そのシンクロには、とても難しい調整が必要です。それができるようになったとしても、体の調子の良さに合わせて日々調整が必要なのです。

体の調子がいい日は、ボールを左に置きます。体重移動をうまくスイングに合わせることができるからです。調子が良くない日は、左に置く度合いを減らさないとシンクロさせることができません。本当に調子が悪いなら、体重移動をしないで打てる位置に置きます。

アイアンならば、その違いはボール2個分程度。ドライバーはアッパーで打つので、その分さらに1個分左までの範囲になります。体重移動については誤解が多いのですが、長年練習を積み重ね、今も欠かさず練習して、この難しい調整を身につけたプロでも、アイアンでボール2個、ドライバーで3個。それが最大限の量です。

さらに、そういう調整ができる人でさえ、ボールの位置は博打的な要素が入ってきます。どんなにシンクロさせようとしても多少はズレが出るときがあるのです。体重移動が足りないと球は左に飛びますし、移動しすぎると右に飛びます。だからプロは、飛ばすときに、マネジメントとして、右が大丈夫なときは、少し左を向いておいて、体重移動はしっかり行おうとします。

ボールの位置の説明としては「何番ではここ」と決めつけないことが一番大切です。打つ直前に素振りをして、その状況でヘッドがどこに当たるか＝最下点を確かめ、最善を尽くした上で、「博打」に臨むことが大切だと思います。

14 体重配分は左右で5対5か4対6 前後ではつま先に乗る

アドレスでの左右の体重配分は、ドライバー以外は5対5、ドライバーは4対6。ドライバー以外は左右均等に体重を乗せるので、ヘッドの軌道の最下点が体の中心になります。インパクトゾーンは平らになるイメージ。いわゆるレベルブローでインパクトゾーンをつくります。

ドライバーは右足に多く体重を乗せます。上半身が右に少し傾くことによって、アッパーブローでインパクトを迎えることができます。

アプローチのような、飛距離の必要のない状況では、左足に多く体重を乗せてダウンブローでインパクトする打ち方を選ぶこともあります。

体重を乗せるのは、よく拇指球と言われますが、少し違います。「つま先立ちで立っているが、カカトが地面に触れている」という言い方のほうが、正確に理想の構え方が伝わると思います。微妙なアンジュレーションがそこらじゅうにあるゴルフ場の中で、いつでもどこでもどんな状態でも筋肉を使って体を動かせる状態にしておかなければいけないのです。それなのに、カカトをべったり地面につけているということはあり得ません。カカトで立つのは、骨格で立つ状態。それに対してつま先で立つのは、筋肉で立つ状態になり、筋肉の力が使いやすくなります。

ジュニアゴルファーのスイングを見たことがある方なら、彼らのうちの多くがつま先立ちで打っているのを知っていると思います。あれはなぜなのか。体格や筋肉がまだまだ足りない状態で、重たいクラブを振って遠くまで飛ばすために、練習している中で彼らが自分で見つけた「飛ばし方」の答えがそれなんです。普通のアマチュアゴルファーが３００ヤードドライブを目指すのと条件的には変わりません。飛ばしたいなら、つま先体重を意識してみてください。当然、飛距離の必要ないショートアイアンやアプローチショットでは、脚の筋肉を使う必要がないので、カカトをぺったり地面につけて振ってもいいのです。

つま先側体重で立っているものの、芝生が生えている土の上なので、踏んでいる部分は少し沈み、カカトは地面に触れている程度になるという感覚です。私自身、ゴルフシューズのカカト側の鋲が壊れたことはいまだかつてありません。しかし、つま先はいつも、豆だらけです。この「事実」からも、いかに力を生み出すのはつま先側だということがわかっていただけるかと思います。

15 アドレスの仕上げはヘッドを浮かせたワッグル

アドレスに関しては、もう1点、大きな要素があります。

アドレスのときに、クラブヘッドは浮いていますか？　ヘッドを地面に置いておくと、バックスイングを始める瞬間に、持ち上げる動作が必要になります。持ち上げる動作は、クラブを振る動きとは別個の動きです。本来必要ない動きなのです。

持ち上げる動きがバランスを乱す原因となり、スイング軌道が簡単にブレてしまいます。でも、ヘッドを持ち上げて構えておけば、持ち上げる動きは必要ありません。スイングで使う動きをひとつ減らすことができます。

ヘッドを浮かしておくためには、ある程度の力が必要となります。しかし、どこにもバランスを崩すような力が入っていない、ニュートラルな状態でアドレスをつくりたいのです。

そのため「ワッグル」で対策をとります。地面にちょっとさわって、上げてバックスイング方向に上げて戻す、を繰り返すのです。この動きをしながら、前後のバランスがとれていることを感じることが大切です。そして最後にヘッドを地面に置くことで、その動きとバランスの変化を引き金として、バックスイングを始める。多くのプロが採用している、一番自然にバックスイングをスタートできるルーチンの例です。

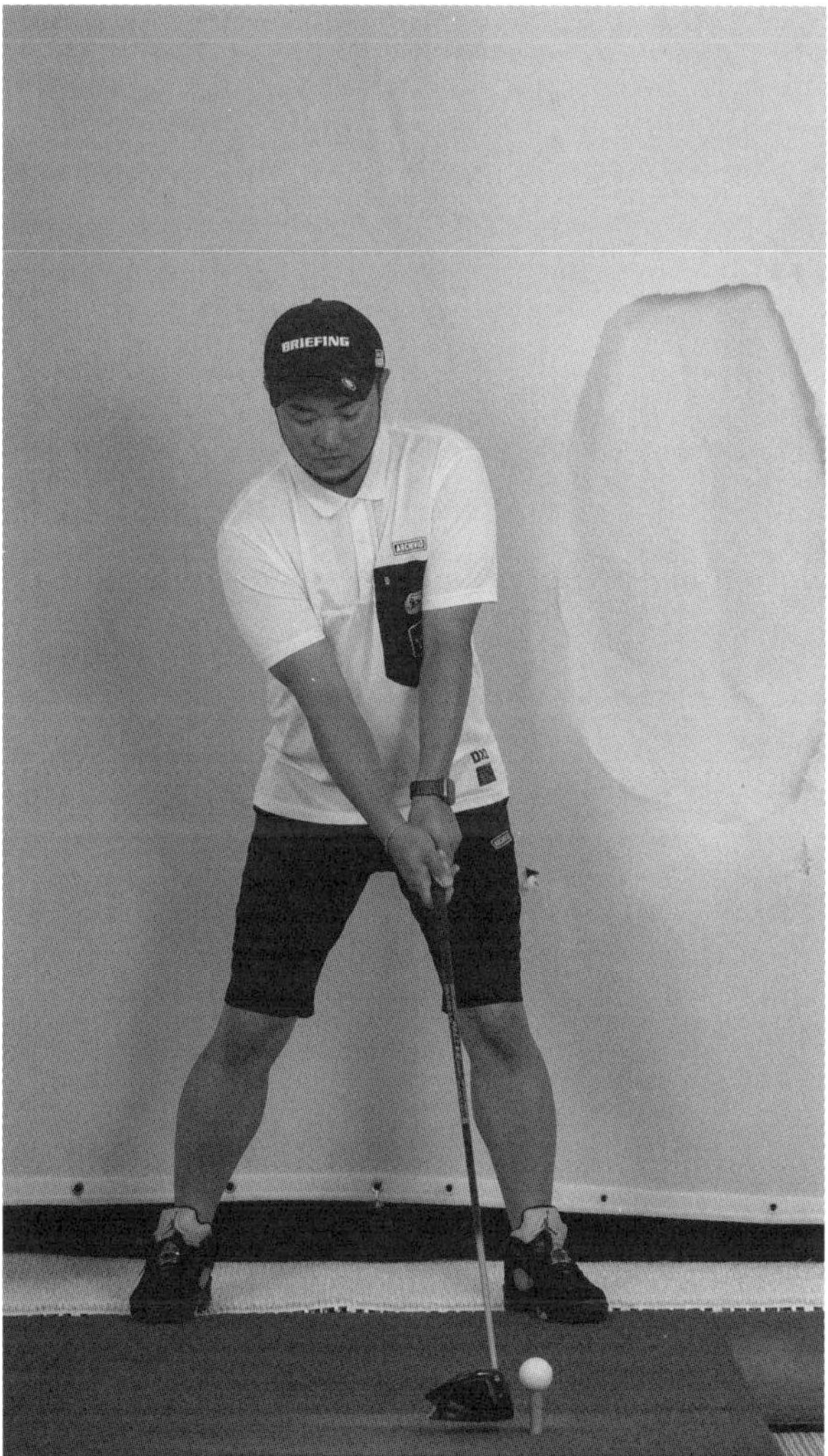

バックスイングはヘッドを浮かせた状態から始まる。アドレスでヘッドの重さが地面にかかっている状態だと、持ち上げる動作が必要になり、スイングの動き全体が乱れやすい

コラム❸

細かな動きを取り入れる際の注意点

「右足の蹴りって大事ですよね」と聞いてくる人がよくいます。私の考えでは「右足の蹴りは、ポジションどりのために必要」ということです。インパクトで強い衝撃を生むために、体の各部分ごとに、ここに来ていてほしい、という最適なポジションがあるわけです。そしてとくに右腰のポジションを正しい位置にもっていくのが、右足の蹴りの役割と言えます。

インパクトの力を強くする効果も多少はありますが、「右足の力で飛距離を伸ばそう」としても、全体の動きの流れやつながり、バランスを壊すだけです。あくまでも、インパクトの衝撃に備える力を全身でつくり出す中での、右足の力である、ということがすべてです。

次章（108ページ）に「インパクトはアドレスよりも右肩、右腰、右ヒザが前に出なければいけない」と説明しました。実はそこに答えがあるのです。右側を、アドレスのときよりも前に出すためには右カカトが上がらないといけないはずなのです。右カカトが上がれば、右ヒザが前に出て、それに応じて右腰、右肩も前に出ます。それが「ポジションどりのために必要」の意味です。

ここまでは、だれにも当てはまることです。あとは、1人ひとり、その目的に応じてどのように自分のスイングの中に取り入れるかという部分になります。ぜひいろいろと試して自分なりの答えを見つけてください。

第4章

300ヤード飛ばすスイングをつくる

自分のもてる力を出し切って
飛距離を伸ばす振り方を理解しよう

1 動き出す前にもう一度「衝撃に備える」を考える

もう一度、言っておきます。大事なことはインパクトです。飛距離を出したいのなら大きな力でボールにヘッドをぶつける必要があります。大きな力でぶつかるのですから、その衝撃（作用反作用の力）も大きくなるわけで、それに耐える備えをしなくてはいけないという意識から、スイングをつくっていきます。きれいに振ればいいとか、飛ばさなくていいという場合のスイングとは違うということは理解していただきたい点です。

要は、インパクトにおける衝撃の量と方向で、打球の距離も方向も決まる。そして、それをつくるためには、その手前が大切です。

飛距離を伸ばしたいなら、衝撃を大きくすることを、その備えをすることと同時に考えなければなりません。

つまり、ここでの結論をまとめますと、「スイングは、インパクトが目的であり、それをつくり上げている『インパクトまで』の動きが大切だ」ということです。「フォロースルーでスピードが最大になるように」とか「インパクトはないものと考えろ」などという決ま

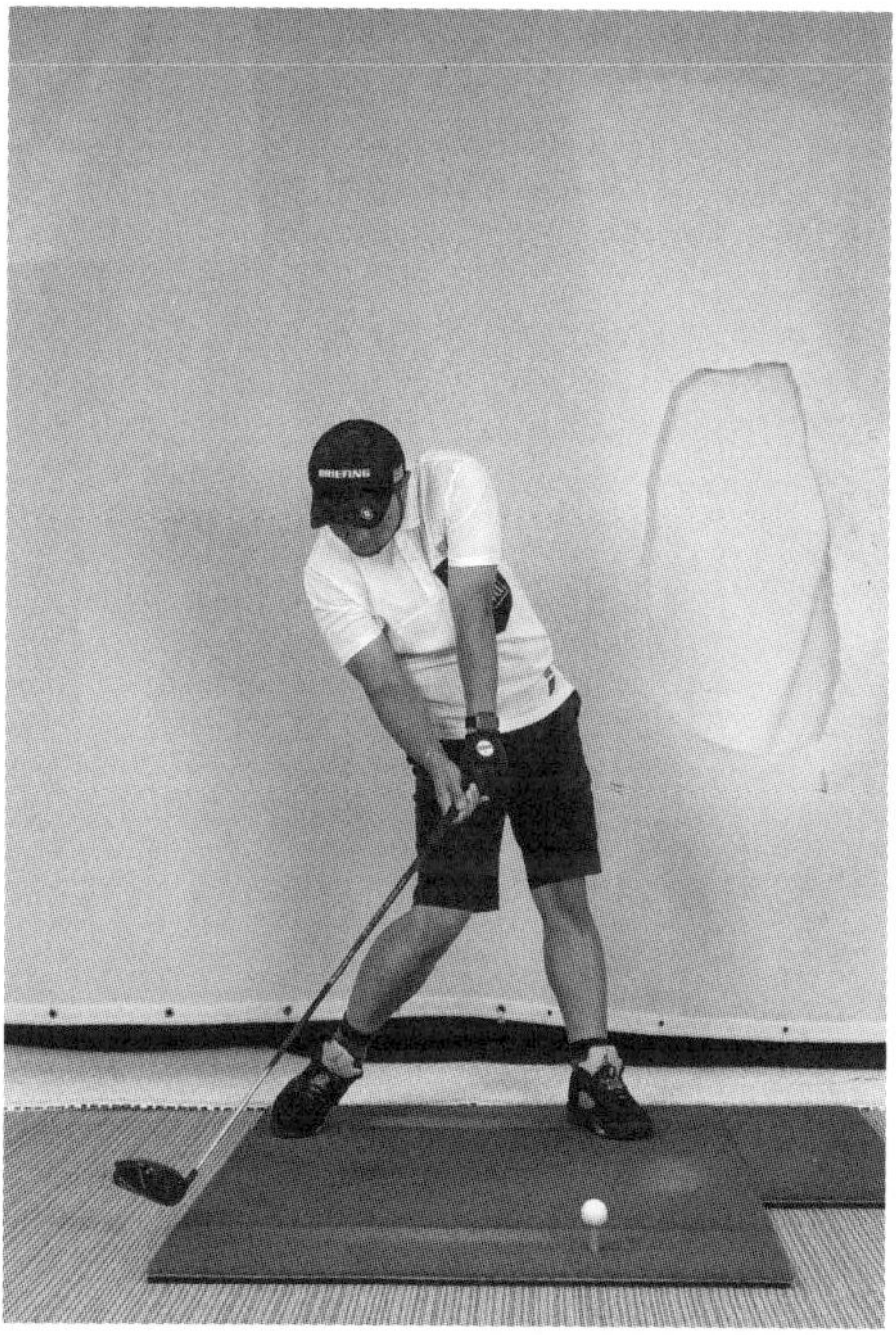

打球の飛距離を伸ばすためにはインパクトの衝撃を大きくすればいい。常にその前提を意識して動きをつくっていこう

り文句がありますが、現実に起こすべきこととは違います。もちろんそれらの言葉が繰り返されてきたのには理由がありますが、それらの背景にある理屈を考えずに、言葉のみを捉えて信じても、飛距離を出すスイングはつくり上げられません。

それでは「インパクトでいかにボールをしばき上げるか」をとことん突き詰めて考えながら、スイングづくりをしていきましょう。

2 スイングの全体像＝「全体の円の形」をイメージする

スイングづくりは、まず「全体の円の形」を、頭の中に描き出すことから始まります。全体像がないのに、動き出しをどうするのか、どこで折り返してくるのかなど、切り分けた動きとして考えることはできないはずです。なにごとも、ゴール地点から逆算で物事を考えていくものですよね。例えば「10キロ走れ」と言われたら、10キロ走っても死なない走り方で走り出します。ただ「走れ」「延々と走れ」と言われても、いつまで走ればいいかわからないと、体力には限度があるわけですから走るペースを落とさざるを得ません。「ブレーキをかける」とはそういうことなのです。

「全体の円の形」のイメージは、単に円の大きさだけではありません。それ以上に意識に入れなくてはいけないことが、「どのくらいのスピードでクラブを動かし」、そして「インパクトでこのくらいの力で叩く」ということです。その力を大きくしたいのであれば（飛距離を伸ばすことが目的ですから当然です）、自分の出しうる力を最大化するような「全体の円」が決まり、その途中、途中でのポジションも決まってくるのです。

「円」とは言っても、厳密に言えば、半円になります。ですから「ゴール」はインパクトです。インパクトのあとは、ボールの飛びにはまったく関係ないからです。もちろん、インパクト以降の動きや形を意識することで、インパクトの前の動きが変わるということは実際にあり得ます。しかし、まず徹底的に、インパクトまでの動きをつくることに専念してみましょう。

ヘッドが動く軌道のサイズ（スイングアーク）を大きくするほど、飛距離を伸ばせる。その大きさをイメージすることが重要だ

3 「全体の円」を大きくし楕円にして助走距離を稼ぐ

「全体の円」は、一般的にはスイングアークと言われるヘッドの軌道です。そのサイズが、大きいほど飛ぶ、小さいほど飛ばない、ということが言えます。

番手の長いクラブほどアークのサイズは大きくなります。これは、勝手にそうなるものです。だから「自分がなにかしなくてはいけないわけではない」。でも、長くなることで、衝撃が大きくなるわけですから、「備える意識」も変わるわけです。それが全体の円を意識する目的です。

他に、全体の円のサイズに関わるのは、腕の長さ。腕は取り換えられませんが、腕を長く使うことはできます。

円の中心を動かさずに体を回せば、「全体の円」は正円に近いものとなります。しかし、体重移動をして円の中心を動かすとアークは楕円となり、その「全体の円」は、より大きくなります。もちろんインパクトまでに円の中心を元に戻す作業が必要となるわけで、それが難しい調整であることは、先に説明しています。

どちらにしても、全体の円の大きさのイメージがあり、それに合わせた「衝撃の大きさのイメージ」があってこそ、必要な動きをつくっていけるようになる。だから、まず、全体の円を思い描く作業が大切なのです。

スイングの中心部分を左右に動かすと、ヘッドが動く円に楕円部分が生じる。その移動のエネルギーも加えてインパクトの衝撃を大きくする

4 加速のための助走はバックスイングから始める

全体の円を大きくすることで飛距離が出せるようになるのは、円が大きくなるほどヘッドスピードが速くなるからです。

ヘッドスピードが速いほうが衝撃は大きくなりますから、皆さん、速くしようと思っていると思います。でも、「いったんトップでクラブの動きを反転させるのだから、トップでスピードはゼロ。だから加速に使えるのはダウンスイングだけ」と考えていないでしょうか。それでは十分なスピードは出せません。それどころか、「バックスイングはゆっくり上げて、ダウンスイングで加速させる」と考えていると、切り返しでいきなり力を入れることになり、スイングを壊してしまう人がほとんどです。

バックスイングで上げた反動も、ダウンスイングに乗せることができます。だからバックスイングでも十分なスピードを出すことを考えます。ただし、それをうまくダウンスイングの動きにつなげるための条件があります。クラブの反転時（切り返し）でしっかりと勢い（クラブの重さ）を受け止める準備ができていることです。

それができていれば、速いバックスイングでできた慣性で体の捻転は促され、トップの位置はより深くなります。さらに、その慣性でつくられるシャフトのしなりも大きくなります。そのトップの深さと、大きなしなり戻りを使うことで、バックスイングの力をダウンスイングにそのままつなぐことができ、インパクトの衝撃を一層大きくできます。つまり、圧倒的に距離が出るようになるのです。

「全体の円」の大きさとともに、そのスピード感もイメージしておいてください。

円軌道を動くヘッドのスピードをより高める。そのためには、バックスイングの途中、クラブが水平になるあたり（上）からスピードアップさせていく

5 バックスイングの重さを切り返しでしっかり受け止める

全体の円を大きくし、スピードも速めてスイングすれば、大きなエネルギーでインパクトできます。

大きなエネルギーを出すということはそれだけ大きな衝撃が自分に戻ってくるので、その備えをしなければいけない、という話は冒頭でしました。でも、備えはインパクトだけではないことになります。バックスイングからダウンスイングに切り替わるときに、のしかかってくるクラブの重さも、スピードを高めるほど大きくなります。その力への備えも必要なのです。

当然、それに負けないようにグリップをはさむ強さ、右手のV字の「締め込み」も強くしていかなければならない、ということになります。その強さが十分でないと、バックスイングの慣性を受け止めた瞬間にぎゅっと力が入ってしまいます。グリッププレッシャーが途中で変わるということです。それを避けるために、動き出す前からその大きさを想定し、耐えられる状態にして備えておかなければなりません。

全体の円をイメージするときには、このように動きやスピード感を伴ったものであることが必要なのです。そして、それに対応した「備え」をするわけです。それがあってはじめて、脳がブレーキをかけることなく、思い切り力を使ってスイングをつくることができます。

決して、「とりあえず走り出せ」みたいな状態で、ゴールが見えていない中でスタートすることはない、ということです。

クラブを上げていく時点で、トップで体に加わる負荷を意識しておく。左手親指と右手のV字が負荷を受け止めている間にヘッドはさらに動いていく（下）

6 手に持ったボールを地面に叩きつけるための位置を探す

キャッチボールをするときに、投げる手を振り上げる「トップの位置」は決めませんよね。何メートル、どのくらいのスピードの球を投げるという意識があれば、人間の脳はそれに合わせてボールを放れます。ボールを離すときの力感をイメージして、ボールを離すまでの動きをつくるはずです。「トップ」はその強さを出すために、腕の振りの速さや、押し出す指の力との兼ね合いで、考えなくても動きの中で自然につくられます。

当然ゴルフスイングも同じはずです。

では、ゴルフスイングのトップにおいて最適な形、位置はどのようにすれば決まるのでしょうか。右手でボールを持って、思い切り地面に向かって投げる位置に上げてください。それが、力いっぱいインパクトでボールを叩くための力を生み出すのに必要な形と位置です。そこへ手を上げていくために、全身が動いたはずです。

上げた右手の位置に左手を持っていけば、そこがトップです。ただし、右手で上げた位置に、左手が届かない、というケースもでてきます。その場合は、届かない分だけ、右手を戻してください。そこがその人にとって、いちばん深いトップです。いちばん力を大きくすることができる場所です。つまり、「全体の円」の中で、いちばん手が上がった位置になるのです。

ワキを締めるとか、ヒジの角度を決めるとかは、今、やらなかったはず。それと同じで、形からつくるのはダメなパターンです。いちばん力の入る場所をつくればいい、それだけのことです。

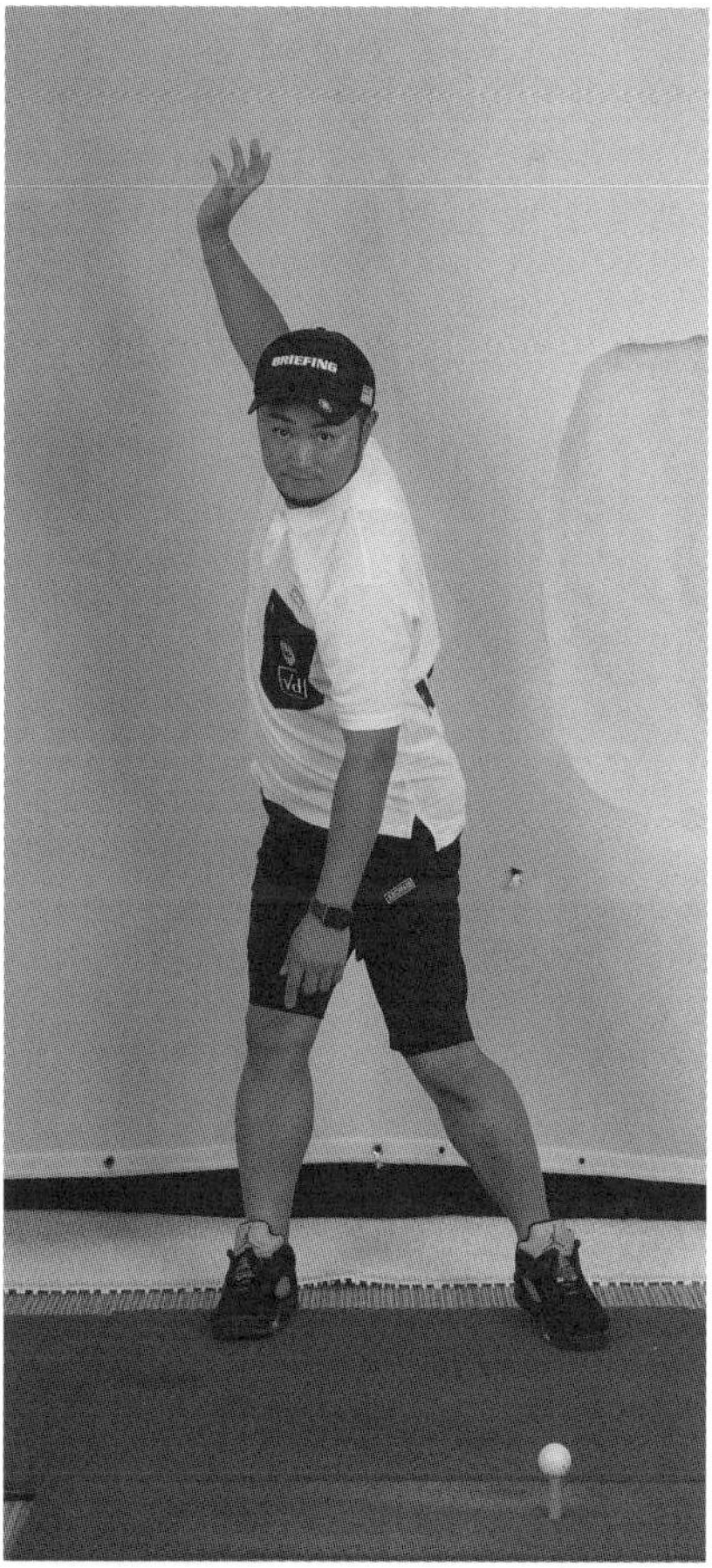

手に持ったボールをインパクトの位置へ強く投げつけるためのカラダの使い方を考えると、トップの位置が決まってくる

7 自分で「最強」の動き・形を見つけることがスイングづくり

具体的な動きの説明に入る前に、最後にもう1点つけ加えておきたいことがあります。

強い力でインパクトしようとすると、トップが深い位置になっていきます。いちばん深いトップの位置をつくるには、体の各パーツが十分に動いていくことが必要になります。肩を深く回すことが大切ですが、そのためには、腰を回すことも求められ、腰を回すためにはヒザを動かすことが求められるわけです。

ではどこをどのくらい動かせばいいのでしょう。「腰を45度回して、肩を90度」とか聞いたことがありますよね。それは、「基準」をつくってはいけない部分です。人それぞれ、体が違うのですから、動かし方も違って当然なのです。

私は、以前、いろいろな手段を使ってタイガー・ウッズの動きを分析し、彼の体の各部分とまったく同じように動かそうとしたことがあります。同じ位置まで動かして、同じ始動のスピード、同じダウンスイングのスピードにするなど、完全にコピーしようとしましたが、うまくいきませんでした。なぜなら、簡単に言ってしまえば、手足の長さが違うためです。そしてたぶん、筋肉のバランスなども違う。

トップの位置ひとつとっても、その人がいちばん力が入る、その人に合った位置がある。タイガーのトップは、彼にとっていちばん力が入る形なのでしょう。でもそれを私がコピーしても意味がないのです。「腰を45度、肩を90度」というのも、プロのスイングを測定し、そこから標準的な数値として出てきたデータかもしれません（もしかすると、なんとなくそう見えるということで出てきた数字かもしれませんが）。

私がタイガー・ウッズのスイングをコピーしようとした努力は無駄に終わりました。体のポジションや位置どりばっかりでスイングを組み立てる人が多いですが、それではうまくいくはずがないのです。それよりも、インパクトの力を最大にするための「全体の円」をイメージするところから始めるべきです。

では、こういう大きな流れを頭に入れて、ここからひとつひとつ細かなところを説明していきましょう。

8 衝撃のイメージから動きをつくっていく

まず、衝撃に備えることから考えます。

どの方向から衝撃が来て、どの方向に支えなければならないか。そして、何で支えるのかをしっかり理解し、準備します。

インパクトの衝撃については、ひとつ目の衝撃はフェースが開く方向に来ます。それと同時に、ふたつ目の衝撃として、軌道上目標と反対側に押される方向に来ます。

ひとつ目の衝撃に対しては、グリップをしっかりと握ることと、衝撃でフェースが開く方向に押されることに対して、開かないようにする意識をもちます。

ふたつ目の、軌道上反対に押される衝撃に対しては、突っ立って手だけで支えるより、軌道上の後ろ側に回り込んだほうが、強く押し返せます。そこで、インパクトの瞬間には右ヒザ、右腰、右肩が、ボールに向かって直線上を近づいていくことで対抗します。

アドレスの位置よりインパクトのほうが右ヒザ、右腰、右肩の3点が、インパクトに向かってボールに近づきながら、衝撃に対抗するのです。

アドレスのときにこの形で押すイメージを確認しておきましょう。つまり「インパクトのイメージをつくる」ということです。アドレスは形的にも、この作業によって最終的に仕上げられると言えます。

インパクトでボールを押すことを意識し、スイングの動きを組み立てていく。押すために、体の右サイドはアドレスより前に出た形になる

9 理想の「スタンバイ状態」をワッグルで仕上げておく

アドレスして、いつでも抵抗なくヘッドを動かせる状態をつくるための作業が、ワッグルだと説明しました。ここではお勧めの方法を詳しく紹介していきましょう。

クラブをソールした状態から、指先でグリップをはさんでいる力を強めるだけでヘッドを浮かすことができます。逆に言うと、そうなるような位置に手をセットしたアドレスをつくることが大切だということです。

持ち上げながら、バックスイング方向に少し引いて、また戻してもいいでしょう。そしていったん地面に軽く触れるところまで下ろす。これを繰り返すことで、グリップする力以外に、不必要な力が入ることを防ぎながらスタンバイ状態を維持することができます。やり方は人それぞれでいいのですが、ヘッドを10から15センチ動かせば、十分です。腕全体でやるわけではなく、指でやるものと考えてください。

ワッグルの動きをしながらプロは、「指でしっかり握っている」こと、そして「しっかり握ってもフェースはスクエアのまま」であることも確かめ、さらにクラブの重さを感じながら、「指以外には余計な力を入れていない」ことを確かめているのです。それが確認できたら「大丈夫だ」と確信をもって、スイングを始められます。

バックスイングをスムーズに始動できる状態をつくるためにワッグルをする。ヘッドだけを動かす（右）方法と手を反対方向へ動かす方法（左）などがある

10 グリッププレッシャーはワッグルからずっと変えない

ワッグルの中で、手をクラブからぱっと離すようにする人もいます。手を離したままグリップをつまんでいた指の力を抜く人もいます。しかしそのまま指をゆるく添えた程度で、始動してしまうようなプロはいません。

ゆるく添えた程度の状態で始動するということは、途中で握らざるを得ないわけです。インパクトの衝撃に備えるには、しっかり握っていることが必要なのだから、当然です。プロはワッグルでいったんグリップの圧力をゆるめても、もう一度ギュッとグリップを決めてから始動するものです。

なぜなら、スイング中のグリッププレッシャーを1ミリも変えない意識で振ることがとにかく大事だとわかっているからです。ワッグルで握った瞬間から、テークバック、トップ、インパクトまでずっとグリップの強さは、変わりません。

これはとても大事なスイングの「神髄」なのですが、結構、アマチュアゴルファーは無視していますね。例えばジャンボ尾崎さん独自のトレーニング方法として、握力強化用のトレーニング器具を握ったまま1、2分間シャドースイングを続けるというメニューがあります。めいっぱい握力を使って握ったままの状態で、スイングの動きをつくるトレーニングです。スイング中のグリッププレッシャーはそのくらい強いものであり、しかも途中でゆるんだりしてはいけないという意識の表れだと思います。だからあのような圧倒的な飛距離を武器としながらも、繊細な感覚も持ち合わせることができて、勝てたのです。

青木功さんは、リンゴを握りつぶす握力を持っていました。私はそれを小学生の頃に間近で見て、驚いたことを覚えています。でも、それだけの力を元々持っている人たちだから「やさしく小鳥を包むようにグリップする」ということが言えたのです。それでも、クラブはゆるみませんから。

プロはアドレスのワッグルのときに、「このグリッププレッシャーで打つぞ」というイメージをつくりながら握って、プレッシャーを決めます。決まったら指以外の力を少し脱力していったんヘッドを下ろし、ソールが地面に触れるのをトリガーにして振り始めるのです。

11 始動の動きは「真っすぐ」。でも、左腰も同時に動き出す

では、動き方の説明に入っていきます。まず「始動」です。

「全体の円」をイメージしましたが、クラブは基本的に円で動かすわけですから、ヘッドの動きについては、厳密に言えば「真っすぐ」はあり得ないはずです。しかし、一部を切り取れば、感覚的には「真っすぐ」になります。

アドレスでセットしたヘッドの位置から、始動して右つま先を越えるところまでの動きとしては、「感覚的には直線」にします。「円軌道」を意識して、動き出しからすぐにインサイドへヘッドを引き込むと、実際には過剰にインサイドに入り、その結果としてアウトサイドからヘッドが下りていく動きを招いてしまいます。

右つま先を過ぎたあたりからヘッドは少しインサイドに入ってきます。インサイドに入れるというより、自然と入ってくると言えます。

このヘッドの動きは、とても重要です。でも、重要だからと言ってヘッドのことばかり意識していると、下半身の動きがおろそかになりやすいということを、私は知っています！

「じゃあ、腰を回せばいいの？」と思うかもしれませんが、その意識ではうまく動けない人が多いことも知っています。

いちばんいいのは「ヘッドの動き出しと同時に、左ヒザを1センチでいいから、内（右）に入れるように動かす」意識をもつこと。そうすると、同時に腰も回り始めてくれます。ベルトのバックルの向きが少しでも右になっていれば、OKです。腰が回転しないと、クラブの動きに引っ張られて、下半身ごと右にズレて行ってしまいます。そうなっていないか、確かめながら、始動の動きを覚えてください。

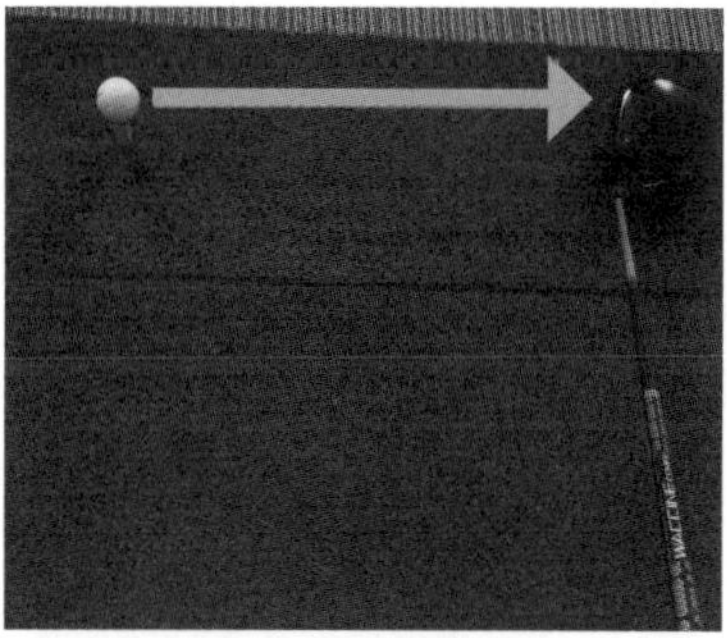
バックスイングの始動時のヘッドの動きは、感覚的には「真っすぐ」でいい

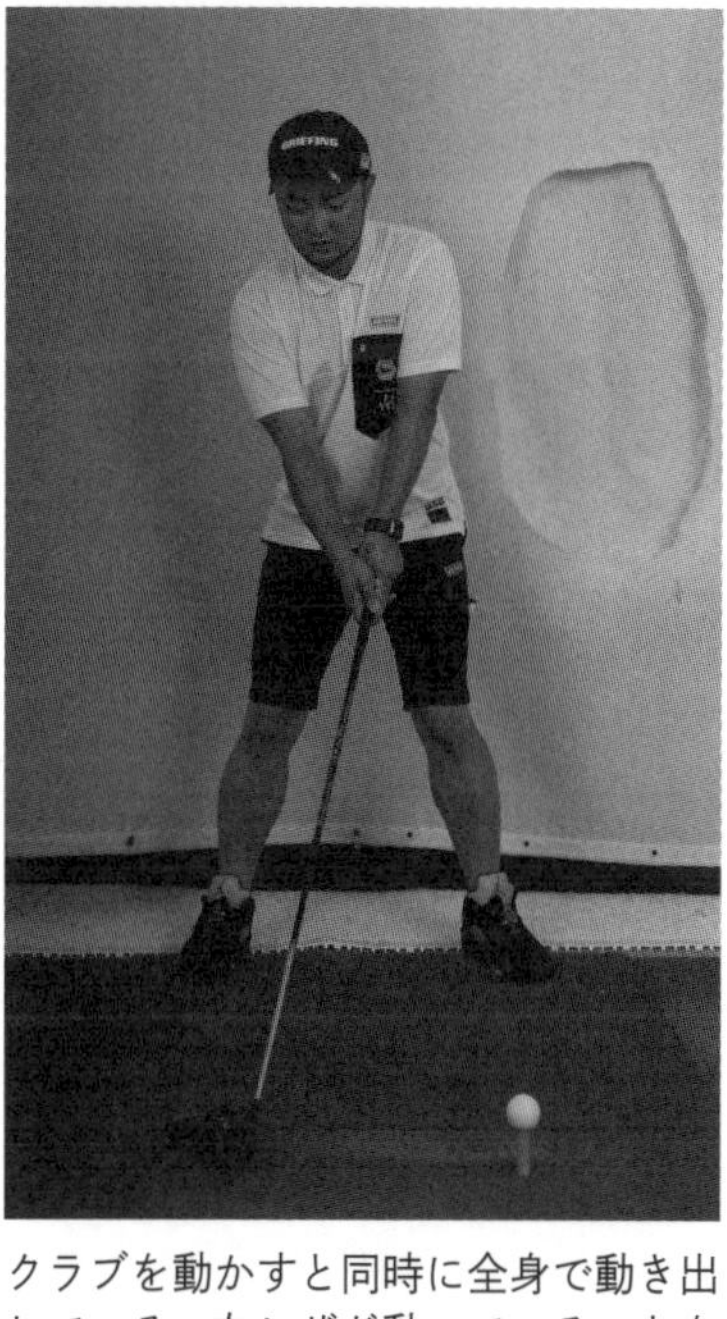
クラブを動かすと同時に全身で動き出している。左ヒザが動いていることを確かめよう。決して手だけで動かさないように

12 全体の円のサイズは始動直後に決まる

右つま先まで真っすぐ引いても、さらにバックスイングを続けていくと、クラブは上がっていきます。自然にクラブは上がっていきますから、何も考えなくてもいいか、というと、決してそんなことはありません。実はとても大切なことが、ここまでで「終わってしまっている」のです。

ヘッドがヒザの高さにくるまでの動きで、全体の円のサイズが決まってしまっているということです。その先の動きで、途中からアークが大きくなったりはしません。ここまでで小さい円をつくり始めていたら、途中から大きくすることはできないのです。最初の動きを「真っすぐ」にしたのも、アークを大きくするためです。ただ逆に、ここまでで大きい円をつくり始めていた場合は、小さくすることはかろうじて、できます。内に逃がせばいいからです。前者は無理でも、後者は可能。ということは、あらかじめイメージしていた円の大きさとドンピシャの大きさで動き出す自信がなければ、少し大きめをつくりにいく意識をもつといい、ということになります。調整ができるわけですから。

全体の円を大きくするのは、クラブの長さ、腕の長さ、体重移動でした。ヘッドがヒザの高さに来るまでに、腕を長く使っても、体重移動をしてもいいので、安定して大きな円を描き、そしてまた戻って来れる動きを探してください。

間違ってもやってはいけないのは、このあとで、腕を伸ばしたり、さらに腰を右にズラしてアークを大きくしようとすることです。腕の長さも、右股関節の位置も、この段階でもう決まっています。あとは、腰から上を使って回転量を増やし、トップを深くしていくことを考えるのみです。

バックスイングのごく初期にスイングの中心を右に動かすと、全体の円に楕円部分が加わる。しかし、ここで確定した円のサイズ以上に大きくすることはできない

13 つま先体重キープのための「左サイドの押し」

クラブを右つま先まで真っすぐ引く段階では、左ヒザが内へ少し動きました。ヘッドがつま先を越えて、ヒザの高さまでいく段階では、左腰、左肩も動き出しています。

ここで強調しておきたいのは、「右腰、右肩を引く意識はもたないでほしい」ということ。右腰、右肩を引くと、カカトに乗る原因となってしまうためです。

ではどういう意識をもってほしいかというと、左腰、左肩が前に出てくる感覚です。右サイドでクラブを押していくのです。それによって右腰、右肩は結果として動くという状態にしてほしいのです。これならばトップでカカトに体重が乗ることはありません。

アドレスではつま先体重だったことを思い出してください。カカトは地面に触れているだけという程度です。前後のバランスについては、スイング中、そのままキープすることが大切なのです。このバランスを意識しながらシャドースイングを繰り返し、正しい動きを覚えてください。

カカトに体重が乗るのを避けるのは、カカトに乗った状態では筋肉をうまく使うことができず、インパクトにぶつけられるエネルギーを最大化できないからです。いったんカカトに乗ってもインパクトまでにつま先体重に戻せばいいという考え方もありますが、ズラしてまた戻す作業の再現性を高める必要が出ます。それより動かさないほうが安定は高いはずです。

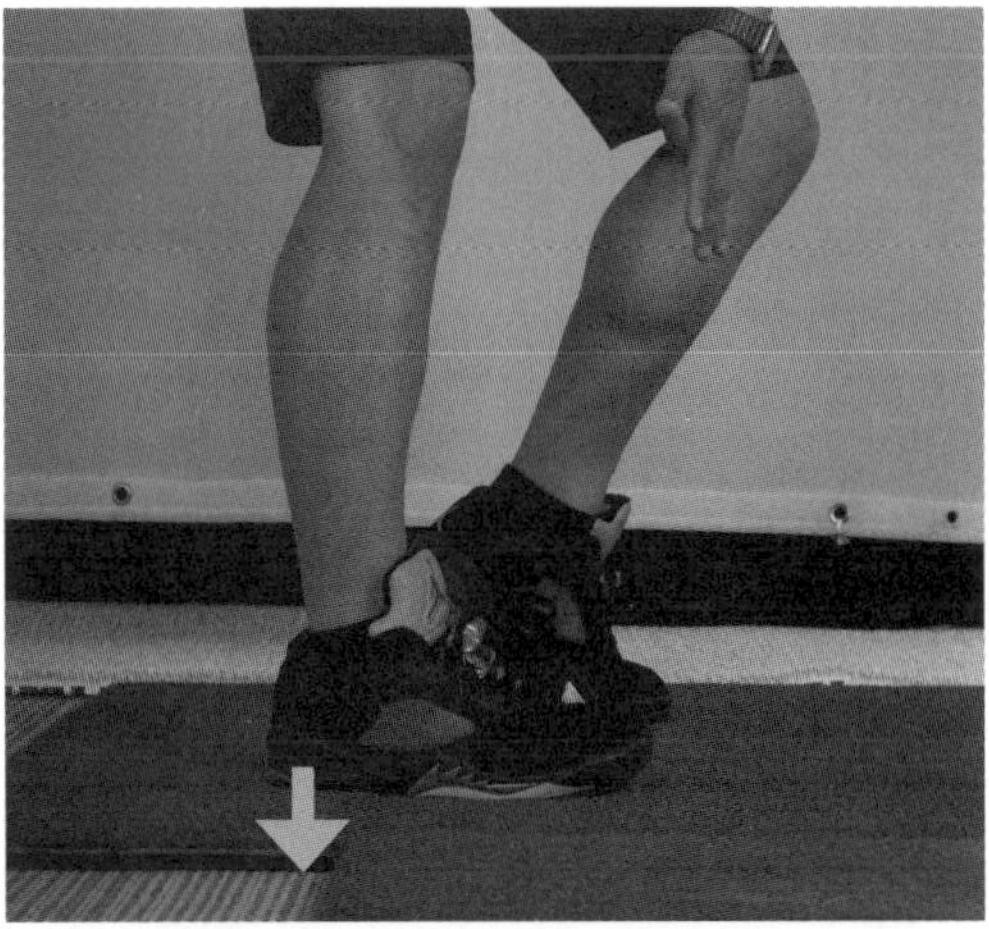

バックスイングの動きを「右サイドを引く」意識だと右カカトに体重が乗り、ダウンスイングがスムーズに始められない

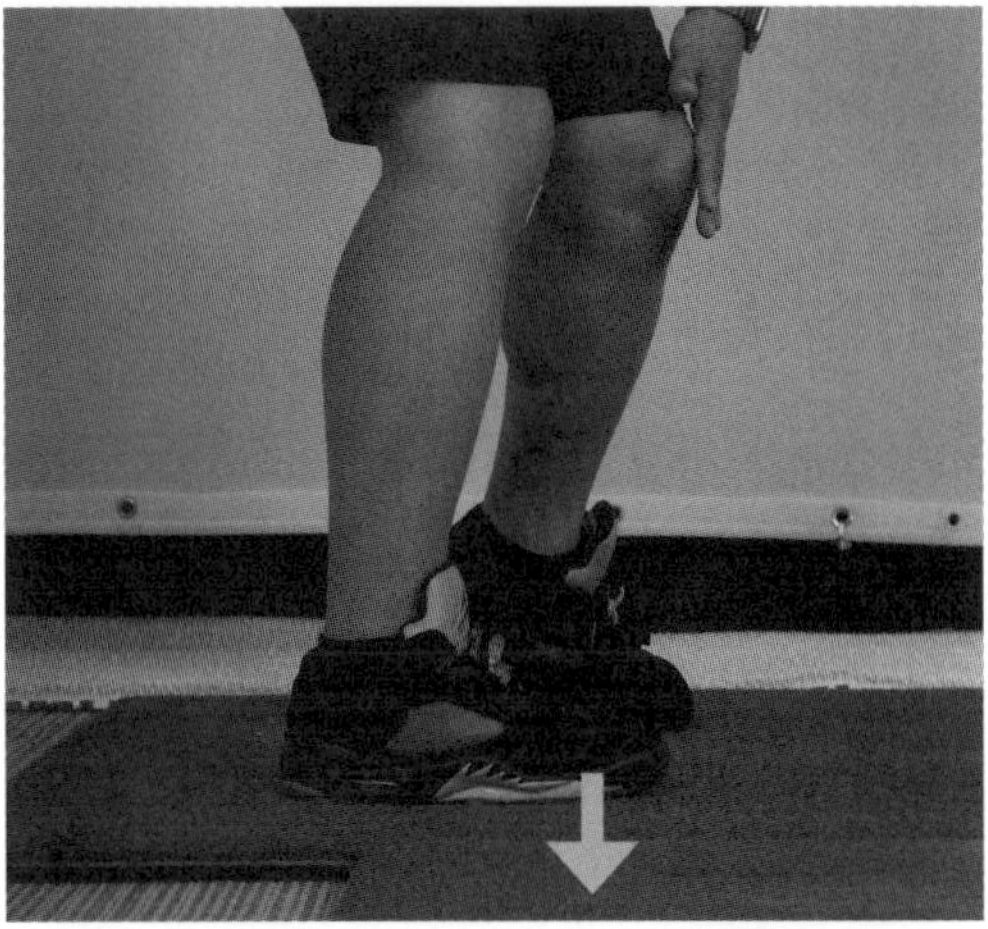

バックスイングを「左サイドを押す」意識で行なえば、インパクトでボールを押すためのダウンスイングにスムーズに移行できる

14 リーディングエッジは腰の高さで前傾角と平行

ヘッドがヒザの高さへ上がっていくまでは、手首の「コックの動き」はまだ使いません。「コックの動き」つまり縦の動きだけでなく、手首を捻る動きも使っていません。

フェースの向きは、リーディングエッジのラインで把握する場合が多いのですが、ヘッドが腰の高さに上がってくるまで手首を使わなければ、構えたときと同じ状態のはずです。つまり、前傾角度と平行になります。例えば、直立した状態でクラブを持って90度体を回せば、リーディングエッジのラインは垂直です。そのまま、体を前傾して同じ動きをすると、前傾角度と一致しているはずです。

これは、言い方を変えれば、「フェースはスクエアのまま」とも言えます。

腰の高さよりヘッドを上げていくと、関節の可動域的にどうしようもないので、フェースは開いてしまいます。現実的に、そこまでヘッドが回っていくと、スイング中の自分の視界から外れているため、フェースの向きについて把握し続けることはできません。把握できない間のことについては、ここでは無視しておくほうがいいと言えます。

ただ、自分が目視できる範囲、つまりヘッドが腰より下にあるときについては、前傾角度と一致しているようにすることを意識してください。その感覚をもつことで、方向性はもちろん、打球の強さ、つまり飛距離も変わってきます。

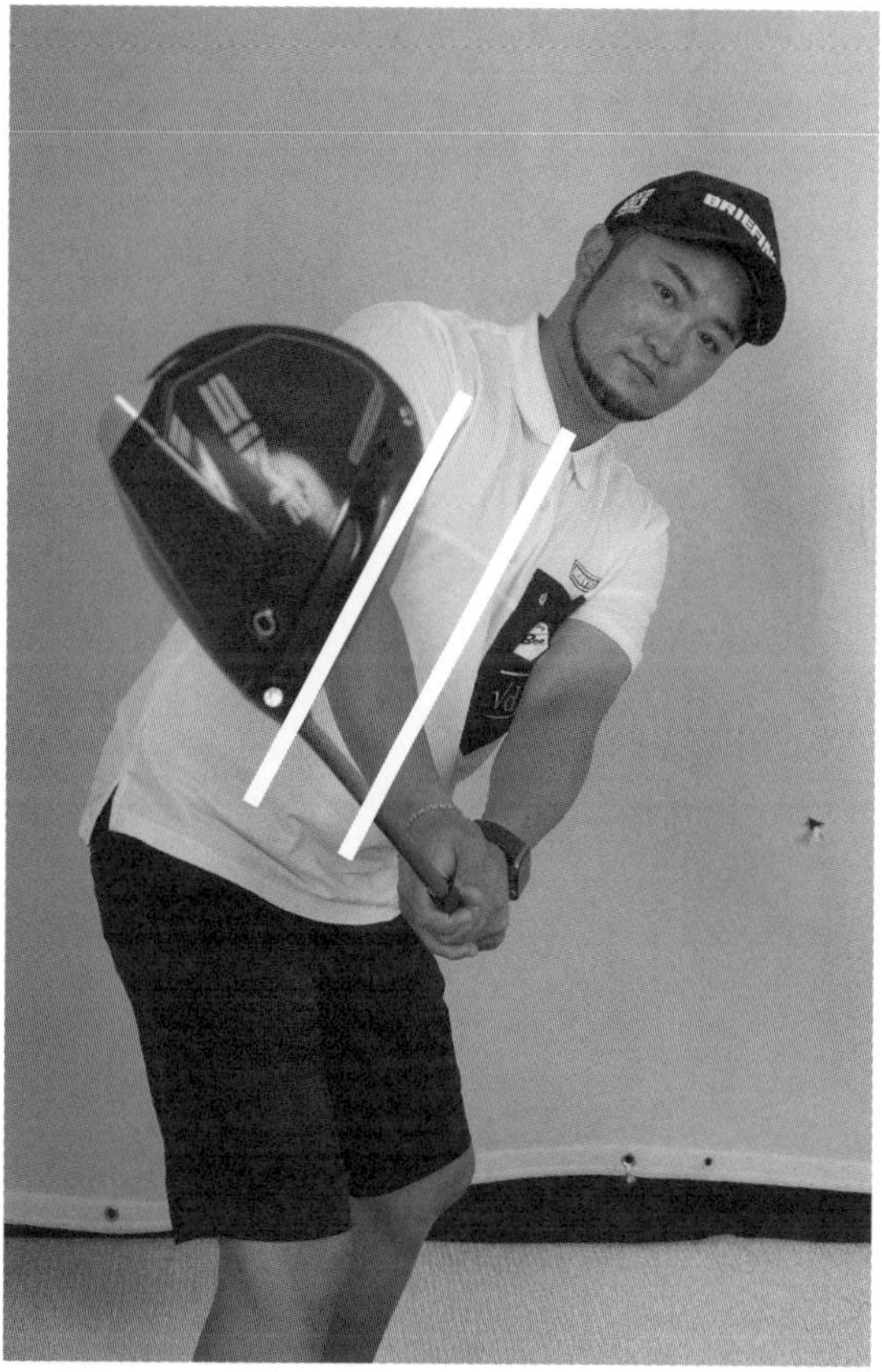

飛球線後方から見て、ヘッドが腰〜胸の高さに上がってきたときに、フェース面の向き（リーディングエッジ）は上半身の前傾角度と平行になる

15 手は胸の前から外さないでトップをつくる

トップにたどり着いたときに、両手の位置が胸の正面から外れている状態になっていると力は出せません。左上腕が胸にくっついている形がそれにあたります。

個人によっては左右に大きな差がある場合もありますが、基本的に左右対称に筋肉がついています。そのため、両手が胸の前で押し合うのがいちばん力が入る状態で、両手の位置が胸の横幅の範囲から外れると、力は入らなくなってしまいます。

この状態で使う筋肉と言えば、腕と胸の筋肉です。腕立て伏せをすると腕の筋肉とともに胸の筋肉も使いますが、これらの筋肉はつながってはたらくコンビ。スイング中には、これらの筋肉を使って、「前へならえ」の形、つまり手が肩の正面にある状態を保つ意識が必要になります。

アドレスでつくった状態が「前へならえ」の形だとすると、スイング中の右手の動きはヒジを曲げていきながら、トップで右ヒジから上が空を指す形になります。そこに左手を合わせます。ワキが胴から少し離れていても大丈夫です。

その動きに、体を回す動きを加えるとトップです。

胸をしっかり回さないと、手も、クラブもイメージしているようなトップの位置まで上がってきません。つまりトップというのは腕の振りでつくるのではなく、体の回転でつくるものなのです。しっかり回転して胴体のポジションを決めてから、腕を動かしていく感覚をもつといいと思います。

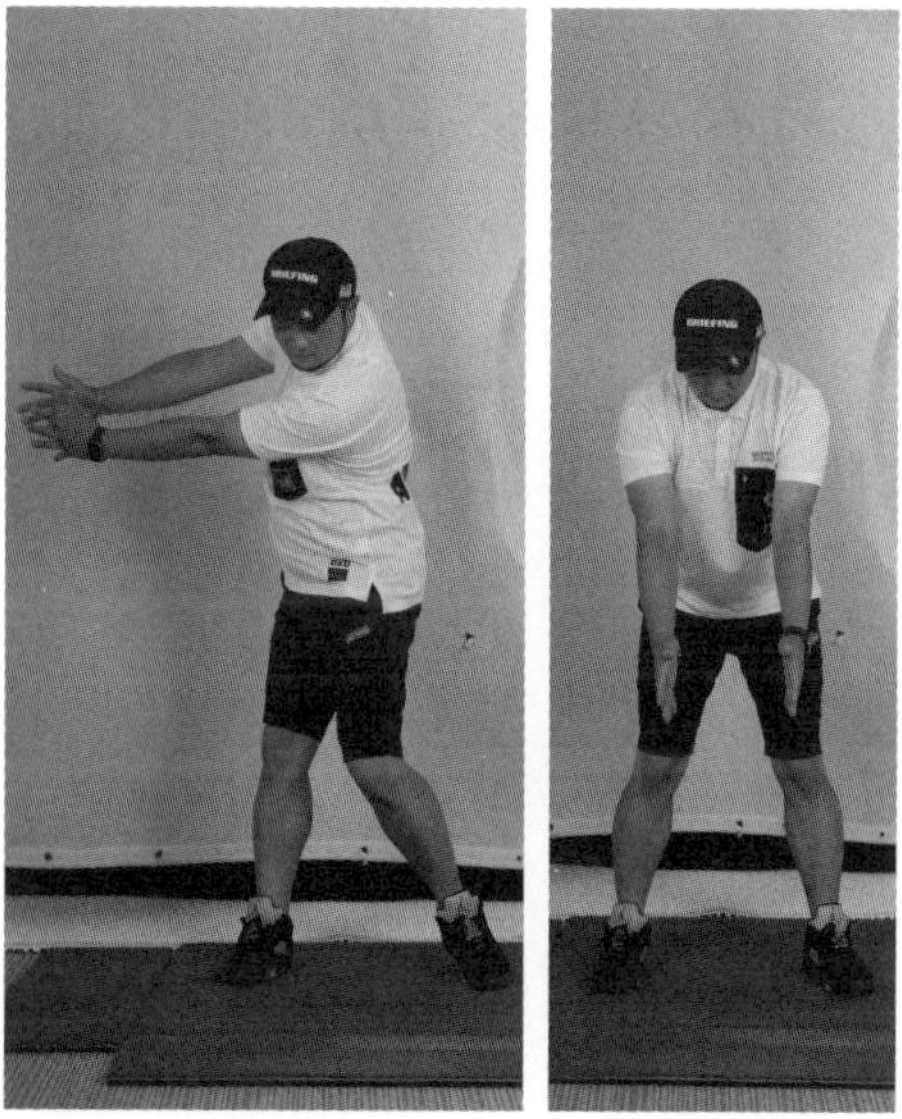

両腕を胸の前に上げた「前へならえ」の形をキープしてトップをつくる。手の位置を胸の前からはずさないように意識する

16 切り返しでヘッド自身が加速しながら下りてくる

トップまで上がってきたら、クラブの動きを反転させなければいけないわけですが、そこではクラブの重さという負荷が体に降りかかってきます。それをどこで受け止めるかというと、グリップのときに説明したように、左手の親指と右手の親指と人さし指をくっつけたV字のところです。

指で受け止めた負荷は、そのまま体にのしかかってきます。それを吸収するのが、先ほど説明した「前へならえ」の形をキープする力です。

トップで重さを受け止めると、その反動で、ダウンスイングが始まります。よくブランコが例に挙げられますが、上がっていったブランコは上に上がる勢いがなくなると、あとは重力で自然に下りてきますよね。あれだと重力だけで下りてくるわけですが、クラブヘッドはシャフトのしなり戻りと、筋肉の反射（伸張反射＝極限まで伸ばされた筋肉が、切れるのを防ぐために自然に縮もうとする）によって、エネルギーを得ながら、動きの反転をしてくれます。自分で「えいっ」と力を入れて方向転換しようとしなくても十分加速してくれているんです。

切り返されて下りだしたクラブヘッドの軌道に関して、握力40〜50キロ程度の力で影響を与えられるはずがありません。しかし、動き出したヘッドに対し、この運動の目的である、大きな衝撃をつくるために力を注ぎ込むことはできるのです。その準備をしておいたのですから。

バックスイングの後半から加速させたヘッドの負荷を体で受け止め、反動も活かしてさらにスピードを高めながらインパクトへ向かっていく

17 腰の高さより上でヘッドを加速する

切り返しに向かう段階で、ヘッドの動きは速さが必要と説明しました。では、どこから速くするのでしょうか。実は、動き出しから速く動かせと言っているわけではありません。あまり早い段階でクラブの動きを速くすると、「おなかいっぱい」になってしまって、そこからヘッドが見えない位置に入っていったときに、減速してしまいます。

フェースの向きを意識しながら動かさなければいけない腰の高さまでの間は、全然ゆっくりでいいのです。ヘッドの軌道が違っていたり、フェースの向きが変わったりしていないように注意を払いながら動かしてもいいくらいです。

しかし、腰の高さより上にヘッドが上がってくると、普通は、ヘッドが視界から外れます。ここでフェースの向きやヘッドの位置にはもう、気を配らなくてもいいと私は考えています。見えないので、本当に正しいのかどうか目で確認することはできませんし……。

しかも、見える範囲で正しい位置と向きで上げてきたならば、動いてくる中で生まれた慣

ヘッドが腰の高さに来て、自分の視界から消えたあたりから加速させてトップ、切り返し、ダウンスイングとパワーアップしてインパクトへ向かっていく

性を生かすかぎり、ヘッドの位置やフェースの向きを狂わせるような動きはそうそうはできなくなるものです。

そこで「腰の高さから加速していく」と考えてください。ヘッドが自分の視界から見えなくなってから加速します。クラブの軌道やフェースの向きについては、慣性がコントロールしてくれると信じ、そこへ向けていた意識は捨てて、スピードアップに100％の力を注ぎ込んでください。これだけでだいぶ距離が伸びます、本当に。

18 前傾角度はインパクトまでキープ

前傾姿勢を崩さないようにとよく言います。これは、本当に大切です。前傾角度が変われば、クラブの角度も変わり、フェースの向きも変わってしまうからです。

上半身全体は、腰から頭まで、左右に動いたとしても、前傾の軸は変えてはいけないのです。傾きを変えないままの左右方向の平行移動なら、大丈夫です。

前に傾いた円筒があって、それが左右に平行移動するのはＯＫ。なおかつ、その円筒の中でならば、どんなに暴れても大丈夫ですから、インパクトの衝撃が大きくなるような動きをどんどん取り込んでみてください。

前傾角度をキープしようとする際、背筋を伸ばそうとする人が多いのですが、これは大きな間違いです。胸を張る、というと、正しい姿勢のようなイメージがあります。けれど、胸を張ってファイティングポーズをとっても怖くないですよね。ボクシングのファイティングポーズは背中が丸くなるものです。ゴルフスイングに関しても、アドレスの章で、猫背は有効だと説明しました。少し丸めたほうが、胸と背中の筋肉を両方使えるのです。

実際トッププロのスイングを見ても、インパクトでは「猫背」としか言いようのない形になる人が非常に多いのです。これは、スイングでインパクトの力に耐えようとすると自然に「こうなる」形だからです。

ついでに言うと、なで肩も同じように効果があります。スイングにとってものすごく悪いのは、肩がすくむ状態です。胸に力が入りません。ベンチプレスでも、胸の筋肉を使う際には肩を下げるものです。

アドレスでつくった上半身の前傾角度を、バックスイング、トップを経てインパクトまでキープすることで、正確なインパクトがつくれる

19 全員に当てはまる要素はここまで。あとは個別対応部分

これで、スイングの動きについての説明はひと通り終わりです。ここまでなぞってきた説明を頭に入れて、スイングを組み立てていってください。ヘッドアップ、ドアスイング、股関節が使えない、足が使えない、というようなエラー動作は出なくなるはずです。出るとしたら、どの項目かが説明通りにできていないのです。それを見つけて、説明通りになるように修正すれば、スイングはよくなり、飛距離が伸びていくはずです。

「ひと通り終わり、なんて言って、まだ説明していないことがいっぱいあるじゃないか」と思われるかもしれません。でも、それらはすべて、説明しなくてもいい要素なのです。つまり、意識しなくてもいい部分。つくらなくてもいい部分です。逆に言えば、そこを意識しているから、うまく振れていない、ということもできます。

実際に、プロは、スイングする前に、ここまで私が説明してきた要素については、全部チェックしているものです。いちいちチェックするには、多すぎるくらい多いですが、必要なことばかりですから、チェックしています。

例えば、英語をしゃべる人の場合、ペラペラにしゃべれる人は文法を考えながらしゃべっているわけではありません。でも、片言で話す人は、1回頭の中で考えて文をつくってから話します。ゴルフスイングも同じです。色々確認しなくてはいけないから、アドレスで時間がかかるのは当たり前なのです。「プロになると、頭の中で何も考えないで打てるようになる」とか、「最終的な境地は何も考えないで自然に体が動くことだ」と考えている人が多いのですが、言語と同じで、頭の中で処理するのが早くなっているだけなのです。

「まだ説明していないことがいっぱい」と思っていらっしゃる方。「あれも、これも」とリストアップできるかもしれませんが、それらの要素は、実は、この本でここまでで説明したことを忠実に習得していこうとする過程で、あなたにとって合うやり方で、身についていっているはずです。

それと同時に、コース内のさまざまな状況において要求される細かな調整のような要素についての処理能力も高まっているはずです。飛ばせるし、曲がらないし、ミスも減っていく。そのような能力の前提もスイングづくりの中で養われていくのです。

コラム④

右足の蹴りについてのもうひとつの答え

92ページで右足の蹴りは、ポジションどりのためだと簡単に説明しました。「強いて言えば」というニュアンスで説明を加えますが、右足を蹴ると、右カカトが地面から離れますが、右カカトの上がるタイミングは、バックスイングから切り返しに入る瞬間ですね。手を下ろす前に、カカトが上がります。

なぜ、これを4章の説明の中ではっきり書かなかったかというと、これを知ると右カカトの動きばかり気にしてしまう人が多いからなんです。

なんでも、そうなのです。どこか一部分の体の動きを説明すると、それが正しい動きだとしても、そればかり強調してやってしまうので、スイング全体としてはいい動きになっていかないんです。

アドレスでは「つま先立ちの状態をつくる」と説明しました。この準備さえ整えておけば、右カカトの動きは自然に自分の動きの中で生まれてくるものなのです。

もちろん、自然にそれができない人もいますから、そういう人のためのカスタマイズとして、「右足を蹴ってカカトを上げろ」というレッスンをすることもあるわけです。でも、元々できている人にそれを説明すると、やり過ぎになるだけ。その違いを判断するのは大切だと思います。

第5章

300ヤード飛ばす練習法に取り組む

インパクトの衝撃を大きくするための
技術と体のトレーニング

1 飛距離を伸ばすために体の右側で音を鳴らす①

振る音を意識した素振り。これがすごく大事です。

「フォローで速くなるように」「フォローを大きくしろ」とよく言われるので勘違いしやすいのですが、その通りにやろうとしてはいませんよね。ダメですよ。フォローにボールはないのですから。

それが言っているのは、「結果的にフォローではヘッドが速く走ります」ということであり、そのためにはフォローに行くまでにスピードを積み上げていく必要がある、ということです。

つまり、自分で速くしようとするタイミングは、それよりずっと手前です。ヘッドは重いんですから、ヘッドスピードが上がって行くには時間がかかります。それを考えると、右で速く振ろうとしてやっと速くなるのが左サイド、ということなのです。とにかく加速させるのは「インパクトまでに」ということを意識してください。

ヘッドのついていないシャフトで、体の右側でぴゅんと音が鳴るような素振りをしてください。「右」ですよ。速く振るほど、風切り音は高く大きくなっていきますから、それを目安にしてください。

ちなみに、「ピュンッ」と振るのと、「ピューン」と振るのは違う。「ピュー――ン」のほうがずっと速いのですけれど、エネルギーの焦点がぼけます。右の腰を過ぎたあたりで、できるかぎり短く、高い音で「ピュンッ」と鳴らすのが正解です。

バックスイングの後半から加速し、インパクトへ向けて力を出して、風切り音が体の右側で聞こえるようにする

2 飛距離を伸ばすために②
つま先立ちで電車に乗る

これほど素敵なものは、ないですよ。電車のことです。移動手段なのに、もれなく「無料のジム」がついてくるんですから。ずっと揺れてて鍛えてくれるんです。

電車に乗ったら、座席になんて座らず、つま先立ちになって立っていてください。それだけで、めちゃくちゃ、飛距離を伸ばせます。

電車でこれをやるというと、バランスをとると考えがちで、バランス感覚の問題かと思うかもしれませんが、筋力の問題です。バランスも、結局は筋力あってこそですから。

足が重いと書いて、カカト（踵）。筋肉を使わず、骨格で受け止めるならカカトに乗ればいいんです。つま先で立つということは、筋肉で重さを受け止める。その筋肉が大切なのです。

ただし、筋肉を鍛えるだけではダメで、その使い方を知らないと意味がない……。でも使うためには、やっぱり筋力がないと……なので、まず鍛えましょう。

つま先立ちにすると、ヒザから下、とくにふくらはぎの筋肉を使うことになります。ゴルフではこの部分がとにかく大切ですから、プロゴルファーは（なんにも筋力を高めるトレーニングなんてしたことのない私でさえ）、ふくらはぎが鍛えられています。正しい使い方をして、振りまくっていればそれだけ鍛えられるという証明だと思います。私の理論では、カカトが地面に触れるか触れないかくらいの感覚で構えをつくれ、と説明していますす。カカトを浮かせたままスイングすれば、いやでもふくらはぎの筋肉が使われるはずです。そこから、足の正しい使い方をつかんでください。

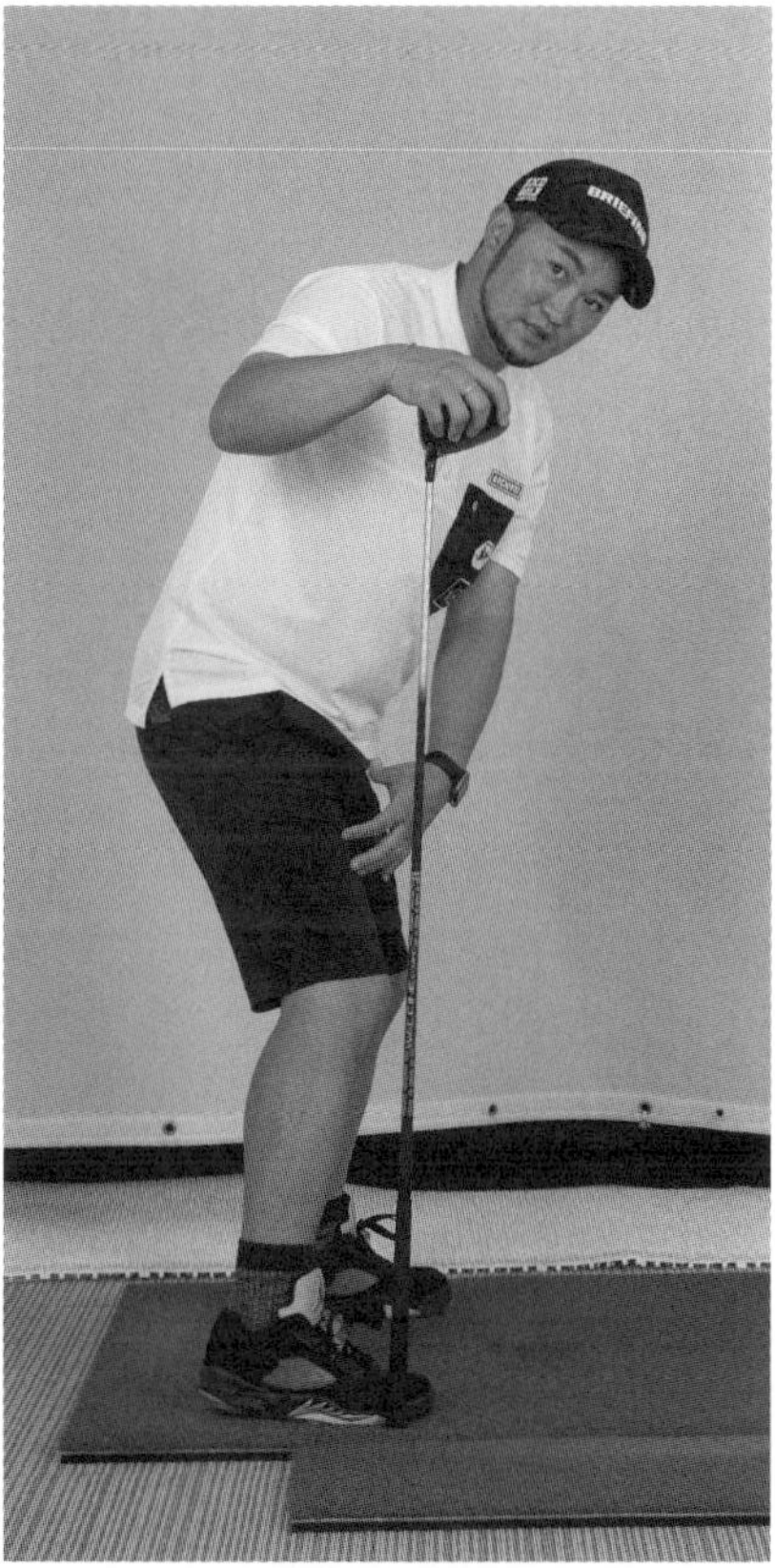

他のさまざまなスポーツと同じく、ゴルフスイングでもつま先体重が基本。そのため、ふくらはぎの筋力を強化しておきたい

3 飛距離を伸ばすために③ 布団叩きで布団を叩く

布団叩き、持ってますか。布団、干せる環境がありますか？　あるならば、干した布団を布団叩きで真横から思い切り叩いてください。これが一番話が早いです。

布団叩きで強く叩くときに、腰を回すほうが強く叩けるのか、体を止めたほうがいいのか、リストをゆるゆるにしたときがいいのか、試してください。

ボールを飛ばすときの力の出し方も同じです。

ゴルフというのは、白い、何も悪いことをしていないボールちゃんを、鉄の塊でしばきあげるスポーツなんですよ。しばきあげて生まれるエネルギーがボールを飛ばすんです。飛距離は、その結果以外の何物でもありません。何をしようが、強く叩けばそれでいいのです。腰の回転とか、体重移動とか、足の蹴りとか、つま先立ちで動くとか、色々ありますが、それらはすべて手段です。目的は、強く叩くことです。それを実現するために、私の理論は組み立てられています。

まずは、「強く叩く」ために体をどう使うのか、というシンプルな「目的」を再確認してほしいと思います。思い切り力を出すわけですから、ケガだけはしないように注意しながら行なってくださいね。あ、もちろん、ボールの位置に砂を入れたバッグなどを置いて、クラブを使って叩くのも、このベストな練習の代わりになると思います。

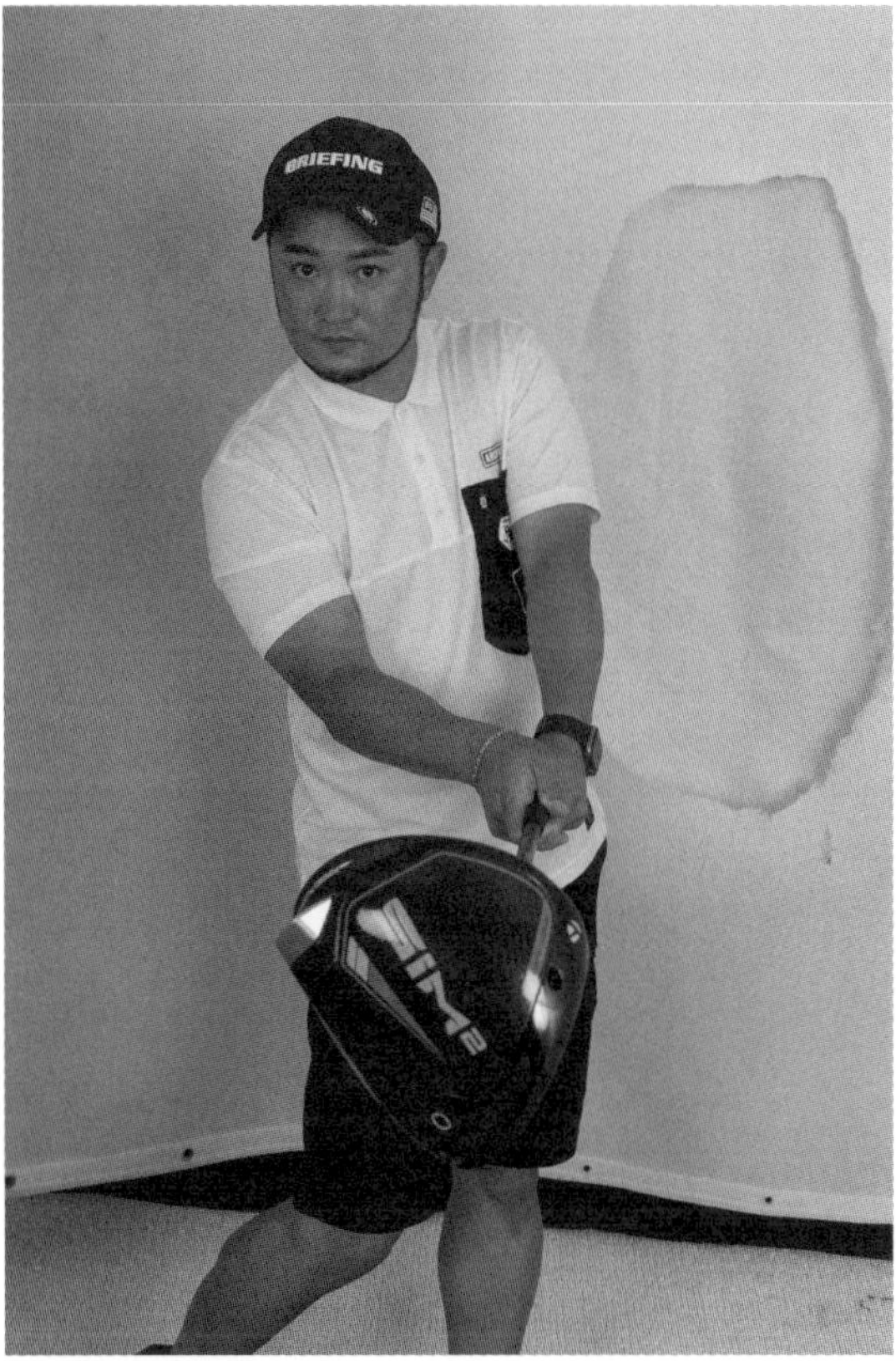

布団叩きで布団を叩くときのように、インパクトに向けて、打面を立てて全身の力を集めてクラブを振る感覚をつかもう

4 飛距離を伸ばすために④ グリップを潰す

ゴルフショップに行き、交換用のグリップを1個、買ってきてください。

中が空洞の状態のまま、グリップしてみてください。私が推奨している「飛距離アップのための握り方」は、指先の関節を曲げる力を重視しています。当然、指先の力が強ければ、クラブをより安定させることができ、より速くクラブを振れて、より強い力でインパクトの衝撃をつくれるわけです。

握力を鍛える器具もありますが、グリップを使えば、ただ単に筋力を強くするだけでなく、グリップの形をつくる際の力を直接鍛えられるわけです。力を入れることにより、グリップの握り方がズレてしまえば、フェースの向きやクラブの軌道が変わってしまいます。力を入れても、握り方（両手の形）が変わらないようにしておくことが大切なのです。

中が空洞のグリップに対して、説明してきたとおりに、グリップをつくります。そして、ぎゅっと指先ではさんでグリップを潰してください。その際、グリップは真っすぐのまま保つこと。右手部分と左手部分でねじれてはいけません。

空洞のグリップを真っすぐにしたまま両手の指で潰しながら、素振りもしてください。指に力を入れていても、スイングに必要な「手首や腕の動き」が自然に出てくるようにしておくことが大切だからです。

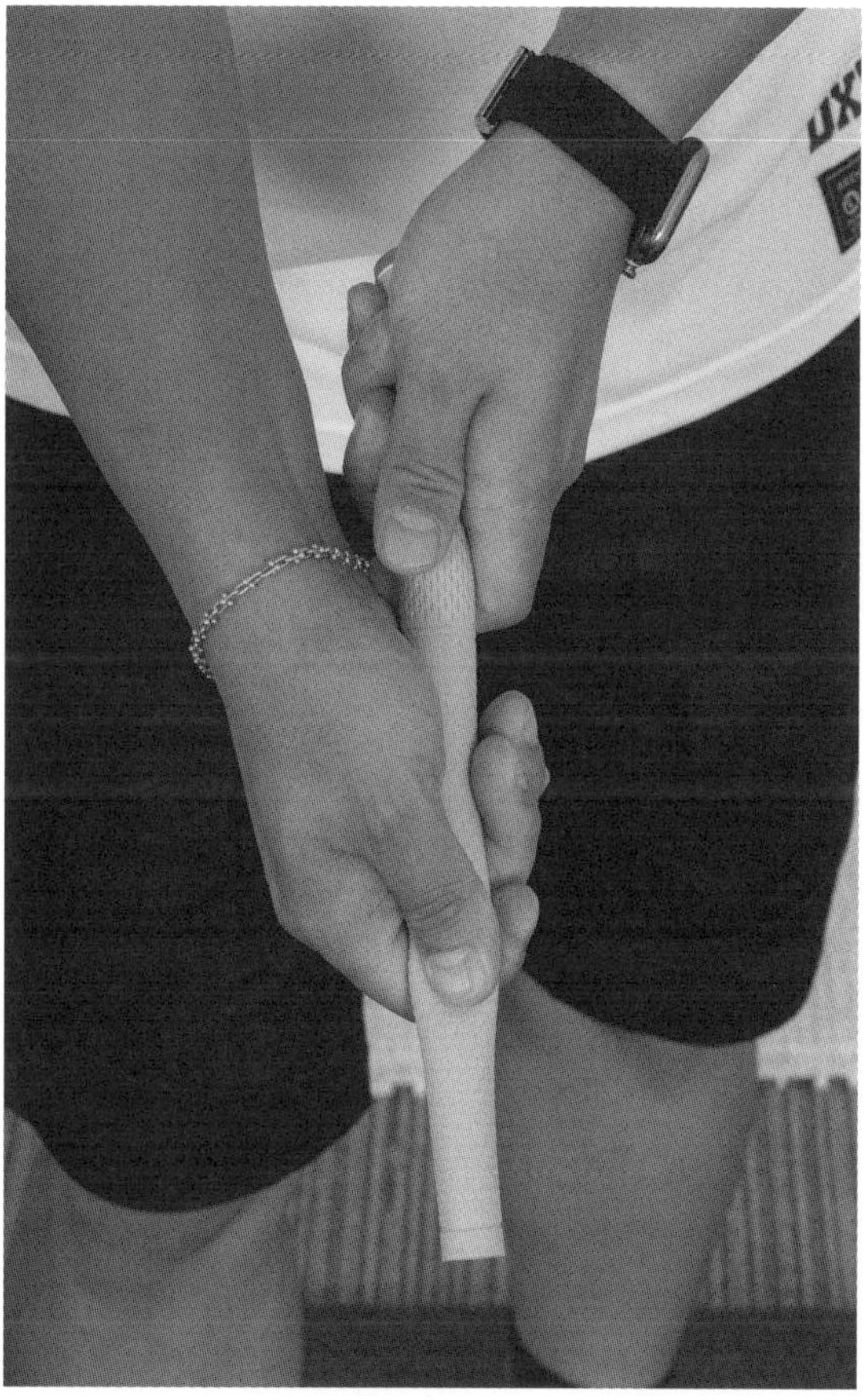

シャフトに装着していないグリップを握ると想定し、グリップが曲がったり捻れたりしないように力を入れてみよう。それが、大きな衝撃に備えるグリップの仕方だ

5 練習場の使い方①　スイングづくりについて

練習場にも行きますか？　素晴らしい！　では、練習場で取り組んでいただきたい練習方法も紹介しておきましょう。

まず、なにより、新しいスイングに取り組み始めたばかりのときは、思うようにボールは飛ばないと思います。何しろ、グリップから全然違っているはずですからね。

うまくボールに当たらず、ダフったりトップ？　シャンクする？という段階から左に低い球、右に高い球が出る。スライスする、フックする。いろんな球が出ます。

仕方がないんですが、めげずに、思うようにボールが飛ばないときには、いろんなことを試してみてください。

その際、次は、「当て方をどう変えようか」や「打球をどう変えようか」という考え方で試行錯誤を繰り返すことを強くオススメしておきます。これは、子どもがスポーツの動きを覚えるときのプロセスと同じです。

この本の中でも「肩をどう動かそう、ヒジをどう動かそう」ということは書いていません。それは、人によって違っていい部分だからです。どこをどう動かしたっていいので、変えようと思って試したことがうまくいくのかどうかを確かめ、次は違うことをも試し、と試行錯誤を繰り返してほしいのです。

徹底的に試行錯誤を繰り返しながら、動き方と打球の関係についての理解を深めておくことが、「ある程度スイングが完成」したその先に、さらにどこまで質を磨いていけるかを変えてくれます。また、スランプに陥ったときに、自分で修正をする知識にもつながります。

ただし、ひとつ忠告しておきますが、だからといって、1日に2カゴも3カゴも打つ、というのはちょっと違うと思います。ゴルフスイングは、私が言っているとおりのことをしている人はもうおわかりだと思いますが、めちゃくちゃ疲れる仕事です。1カゴ打てば、へろへろになるくらいの重労働なんです。2カゴ、3カゴと打てるのは、もうその時点で「どこかに間違いがある」と理解してください。

そして、本をもう一度読み直し、理解していなかったこと、気づいていなかったことがなかったか、よくよく確認してみる作業もぜひ繰り返してください。

6 練習場の使い方②
練習場での練習について

練習場での練習はテーマをもって取り組んでほしいのですが、私自身も単に「調子を見るのが目的」で球を打ちに行くこともあります。そういう目的での練習から紹介しておきましょう。

多くの人は、サンドウエッジで打ち始めて、ピッチングウエッジ、7番アイアン、ドライバーと変えていっていますよね。ドライバーまで打ったら、まだ打っていなかったフェアウエーウッドなどもお茶を濁す程度の感覚で打って、なんとなくまたウエッジに戻って、アプローチの練習をして終わり……。でも、こんな順序でバラバラに打ってもうまくなりません。

やってほしいのは「上がって下りる」。短い番手から、長い番手へ持ち替えていき、ドライバーを打ったら、また短い番手へと下りていくんです。

私がよくやるのは、サンドウエッジから偶数で上がって、奇数で下りる。そして、それだけで終わるのではなく、今度は奇数で上がっていって偶数で下りてくる。

ドライバー以外は同じ傾向の弾道になるのかどうかを確かめます。ドライバーだけはティーアップして打っているので違う弾道になっても問題はありません。

コースで思い切り力を込めて振っていい結果を出したいのならば、思い切り力を出して打つ練習を繰り返しておくことが必要

7 練習場の使い方③
右足で立って打つ

切り返しで右足の上から左足の上へと体重移動して振り下ろすことによって、ヘッドが走っていると勘違いしがちです。でもこれでは、腕でクラブヘッドを動かして加速させる技術が身についていきません。

そういう場合は、ティーアップして構えをつくり、左足はつま先をちょんと地面につけるだけで打つ練習がいいと思います。そうすると右足重心になりますよね。その重心位置のままバックスイングして、ダウンスイングも同じ重心のまま振って球を打ちます。

左に踏み込みができない状態をつくって、体の回転と腕の振りだけでクラブを振るんです。腕と体の回転で、ボールを飛ばすためのヘッドスピードの上げ方をつかむことができます。

また、右足重心で振ることで、アッパースイングを学ぶことができます。ヘッドの軌道の最下点がボールよりも手前側になり、ヘッドが上昇しながらインパクトに入っていくことになり、少ないスピンで打つことができるのです。ドライバーのヘッドをボールに上から入れてしまう人があまりにも多いのですが、それはテンプラや、高いスライスの原因になります。こうしたミスをなくし、飛距離を出すためにも、いい練習になるはずです。

この動きを基本として、さらに体重移動の力を加えていけば、もっと飛ばせます。

ドライバーは、ヘッド軌道の最下点を過ぎてからボールに当たる（アッパー軌道）。右足1本で立ってボールを打つと正しい感覚をつかみやすい

8 練習場の使い方④ ティーアップしたボールをアイアンで打つ

初心者のときはアイアンをティーアップで打ち、うまく打てるようになってきたらティーアップせずにマットに置いたボールを打つ、という順序だと皆さん思っていますよね。つまり、ティーアップしている練習はやさしくて、ティーアップしていないのは難しい、と。

違うんです。ティーアップしている場合、地面というお助けアイテムを使えないんです。マットにボールを置いておくと（コースで芝の上にボールがある場合も同じですが）、このお助けアイテムより下にヘッドがもぐらなくなり、ソールが滑ってうまくボールに当たってくれます。つまりヘッド軌道が下へズレても、打てちゃっていただけなのです。

ティーアップした場合は、この基準点が使えないため、軌道の高さをコントロールする技術をつけておかないといけない、というわけです。

ラフも同じです。ラフで難しいのは、ラフの抵抗よりも、この高さのコントロール。練習していないから難しいんです。

ティーアップした球の、「ボールの赤道よりも下」にリーディングエッジを正確に入れる意識をもって、1球ずつ、打ってください。自動的にティーアップの高さが変わる練習場だったら、打つ直前に誰かに1回ずつ変えてもらうと楽しく練習できますよ。1球ずつ、高さを変えることが大切ですからね！

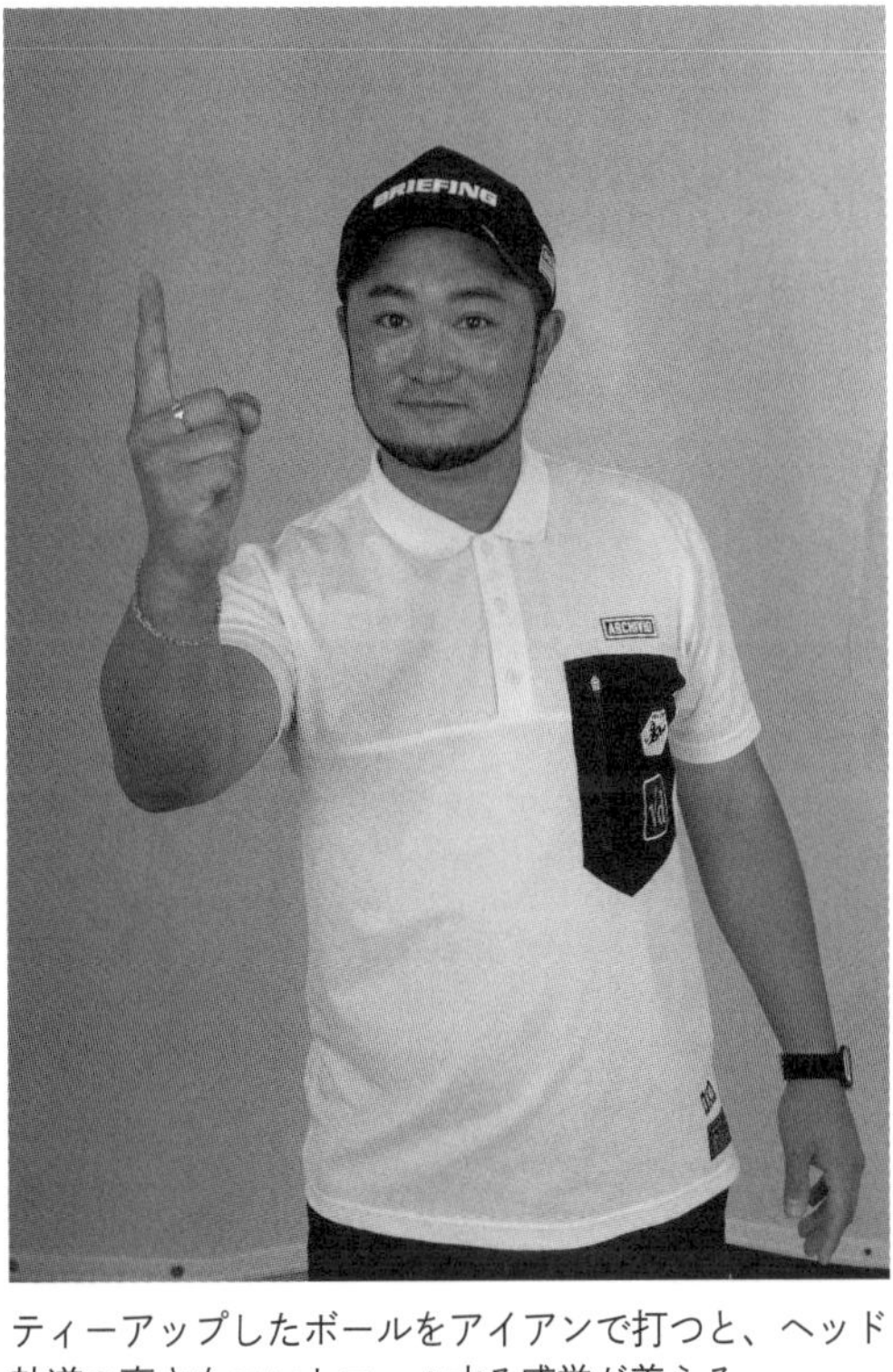

ティーアップしたボールをアイアンで打つと、ヘッド軌道の高さをコントロールする感覚が養える

9 練習のテーマ案① 曲げて曲げて曲げまくる

練習場で、真っすぐのボールを打とうとばかりしているのでは、うまくならなくても当たり前かな、と思います。

まず第一に、真っすぐの球というのは不可能に近いこと。第二に、真っすぐの球はコースでの組み立てには使わないから。第三に、「真っすぐ打とう」としているかぎり、せっかく右か左に曲がる球が打てているのに、意図して打つことができない。曲げるための方法を学びとれないから、です。「曲げるための方法を知る」ことは上達に必要なステップなんです。

曲がる方向が一定なら、曲がる幅が違ったとしても、スコアはつくれます。だいたいほとんどの場合は、「このラインより右（または左）に行ってはいけない。これより左（または右）はいくら行っても大丈夫」という状況です。そこで、行ってはいけない方向に行かないようにすれば、スコアはつくれるのです。

逆方向に行かない技術は、とにかく曲げる練習で身につきます。フックボールを持ち球として、コース攻略しようという場合は、練習場の一番右の打席からフックボールを打ってください。右のネットすれすれに打ち出して左へ曲げていくのです。どの番手でもできるように。

普通に打って「普通に」曲がるボールを打ったなら、今度はもっと曲げてみます。さらにもっと曲げて！　それができると、それをするためにした動きの「逆の動き」をすると、曲がり方は小さくなっていきます。さらにそれを突き詰めていくと「逆の曲がり方」も打てるようになるかもしれません。

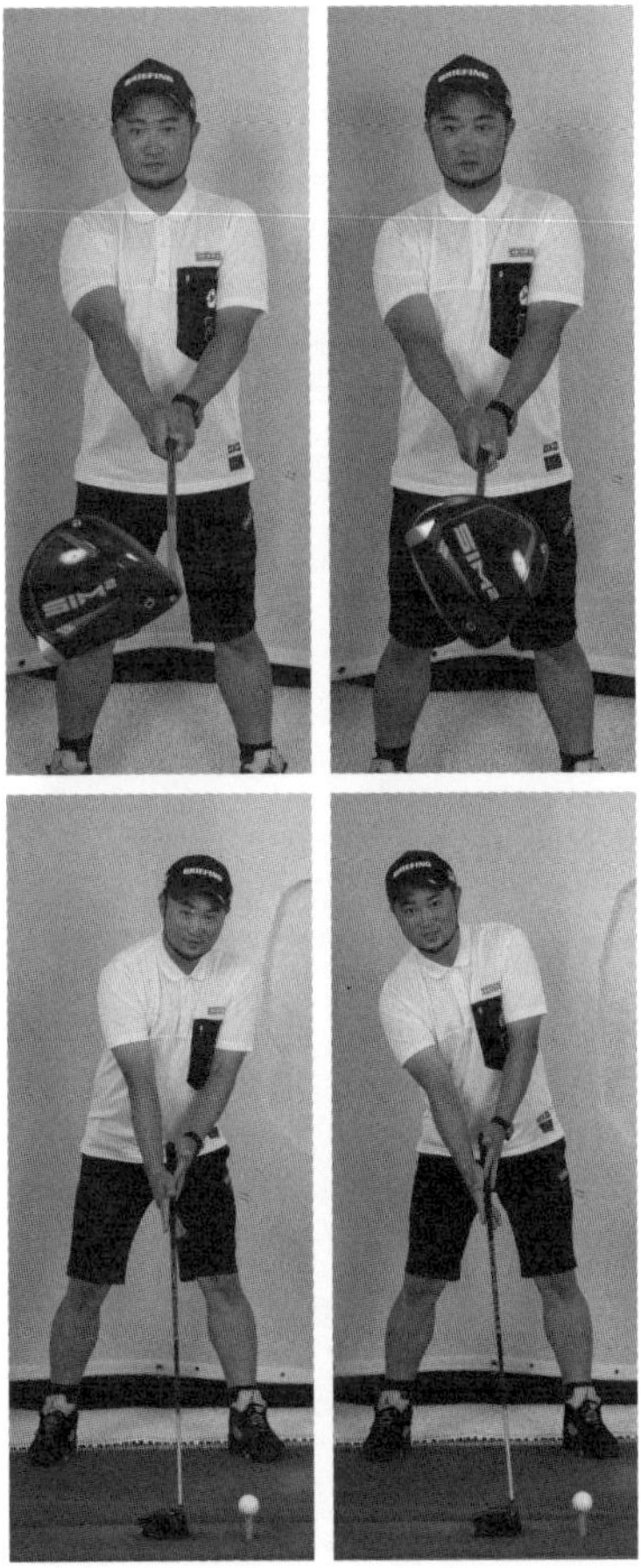

曲げるための方法はいくつもある。グリップの向き（写真上2枚）やスタンスの向きを変える、上半身の傾きを変える（写真下2枚）、さらに動き方を変えるなど試しておこう

10 練習のテーマ案②
もっと飛ばす、もっと飛ばさない

7番アイアンで、200ヤードから100ヤードまで打ち分けてみましょう。

7番の通常の飛距離から減らしていくことは簡単でしょう。振り幅を小さくしていく？それでもいいでしょう。色々試してみてほしいと思います。試したことは、技術のレベルアップにもつながります。しかも、スコアメイクにも役に立つときがきます。

距離を落とす方法は振り幅の調整だけではありません。同じ振り幅のままでも、スピードを落とせば距離は落とせます。クラブを短く持ってもいいでしょうし、スタンス幅を狭くしたり広くしてもいいでしょう。

フォローを小さめにして、パンチショットのような打ち方で距離を落とすことができるかもしれません。

さらに、フェースを開いて構えたり、ボールを左に置いても、いいと思います。その際、狙ったラインに打ち出すには、どの方向に向き、どう振ればいいのか、やはり、色々試してみてください。

距離を伸ばして行くには、ボールを右に置いたり、フェースを閉じ、ロフトを立てて構えれば、打ち出しを低くし、距離を伸ばすことはできます。さらに、もっと力を入れて振ったり、もっとスピードを上げて振ることにも取り組むと、「飛ばすフィジカル能力」のベースアップにつながります

常に「ロフトどおり（上）」に打つだけでなく、ロフトを寝かせて打つ（中）、ロフトを立てて打つ（下）とどうなるかも試しておくと、コースで使える技術になる

11 とにかく練習場では遊べ

私は練習場ではとにかく遊んでいます。いろんなことを試して遊ぶのです。いろんなことを試すと、「こうすれば、こんな球が打てる」ということがわかってきます。それがわかっていれば、コースで「こんな球を打たなければいけない」というときに、自信をもってその技術を繰り出せます。だいたいは、「こんな球を打たないといけないのに、その球を打つ技術がないからどうしようもない」というのが、スコアを崩す原因ですから。そして、コースでは、「こんな球を打たなければいけない」という千差万別の状況が、泣きたくなるほどあるわけです。

私がよくやるのは、打つ球から、球1個分くらい後ろにもう1球置いて、それに当てずに1球だけ打つとか……。ボールの周りを四角く囲むように球を4つ置いて、サイコロの「5の目」のようにして、真ん中のボールだけを打つとか……。横に2球並べて、同時に打ったりもします。

さらには、片手で打ったり、目をつぶって打ったりするのも、それぞれいろんなことに気づいて、技術を深められるいい練習だと思います。振り幅とスイングスピードに対して、異常なほど距離の出ないロブショットもおもしろいですよ。

12 スイングづくりは9番アイアン

この本で説明しているのは自分で出せる最高の飛距離を出し、なおかつそれでスコアがよくなるような安定感も得るスイングです。

最高の飛距離を出すスイングというとドライバーを打ちたくなるかもしれませんが、この理論に沿ってスイングづくりをする際は、9番アイアンを使ってください。

9番は、フルスイングをするクラブの中でもっとも短い。短いから、スイングプレーンが垂直に近くなるのです。スイングプレーンが垂直になることはあり得ません。クラブの構造上、シャフトに対して斜めにヘッドがついている（ライ角がある）ため、ライ角に合わせて傾いたスイングプレーンで、斜めに振らなくてはならないわけです。

斜めに振ると重力の影響で、イメージしている軌道よりも低い位置（手前側）にヘッドが落とされます。人はそれを感じ、軌道修正しようとして力を入れてしまいます。そういう力を使わずに、純粋にすべての力をインパクトにぶつける力として使いたいわけです。

いったん、自分なりの正しい動きとその感覚を覚えたならば、番手を変えるごとに微妙に違う重力の影響も、自然に吸収して、イメージしている軌道で振れるようになります。

コラム❺

「自分の100%を知る」ことの大切さ

飛距離を出したいのなら、インパクトの衝撃を大きくすること。インパクトの衝撃を大きくするには、自分がつくるスイングの力を大きくしていけばいい。ですよね。さあ、力を振り絞って振ってみましょう。

「力を入れたら、スイングが壊れる」という人がいますが、それは「力を入れてうまくいくスイング」をつくっていないからです。力を入れる筋肉、力を入れるタイミングを見つけていないからです。

ということで、「100%」の力で振ってみることをお勧めします。実はとても大切なことなのです。

例えば、「80%の力で振りましょう」というレッスンがあります。たしかに、100%で振るとミスの確率が増える、という人はいます。ある人にとって「80%で振る」のは確率を高めるために、確実な方法だ、ということはあり得るでしょう。

そうであったとしても、「80%」で振るには、「100%」を知っておかなければならないはずなのです。「100%」を知らずに「80%」は本来あり得ない。それを知らずに、適当に「80%」をつくったつもりになっているからブレが出てしまうのです。

プロはその日その日の「100%」を確かめています。それを確認した上で、「80%」でスイングをつくり、距離のコントロールをしているのです。

ちなみに、プロは50球くらい打てば、へとへとになるくらい全身の力を使ってドライバーを打っています。軽く振って正確性や安定度を高めようという発想はしていません。

第6章

300ヤード飛ばす発想を育む

飛ばしのスイングの試行錯誤の中で
ヒントにしてほしいこと

1 切り返しでの「重さ」を支えるのは、全身

切り返しの動きの中で、動きの方向が反転する際に、クラブの重さを受け止めているのは、右手の2本の指を合わせたV字と左手親指の腹。何度も繰り返してきました。

しかし、本当の真実としては、V字と左手親指の腹は、負荷を直接受け止めているパーツとなっているに過ぎません。この負荷は、そこからつながる体全体で受け止めるものなのです。

V字部分で受け止めた重さは、そのまま右手と右腕にかかります。それが肩、そして胴体にかかり、さらにそれらの重さも含めてすべてまとめて下半身に重さが乗っていきます。

V字の部分は、左手の親指とともに、テコで言う「支点」の役割を果たします。

クラブのバックスイングの動きはその支点で止められますが、慣性によってヘッドはさらに動いていきます。その慣性によってつくられる動きの負荷はグリップエンド側にかかってきます。それを、「しっかり握るべき」左手が受け止めているのです。

左手が支えた重さも同様に、左腕を通じて、全身で受け止めています。

それらがすべて、負荷に耐えられるポジションにいなければならない、と考えてください。

クラブの重さに「持って行かれそう」になる負荷を体全体で支える、という感覚をもってください。

そして、「全身でその負荷に耐えた力は、そのままインパクトの衝撃に耐えるイメージとつながっていく」のです。

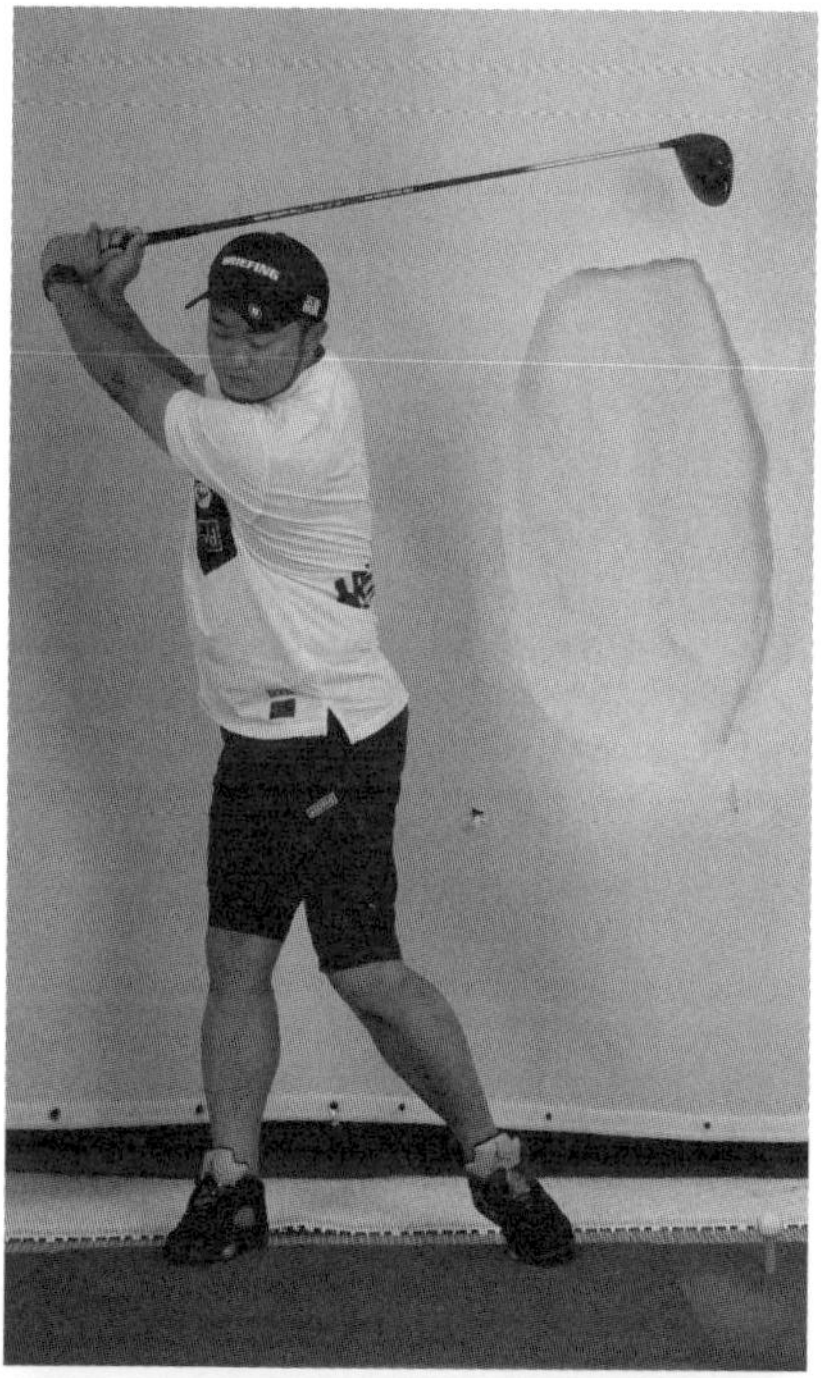

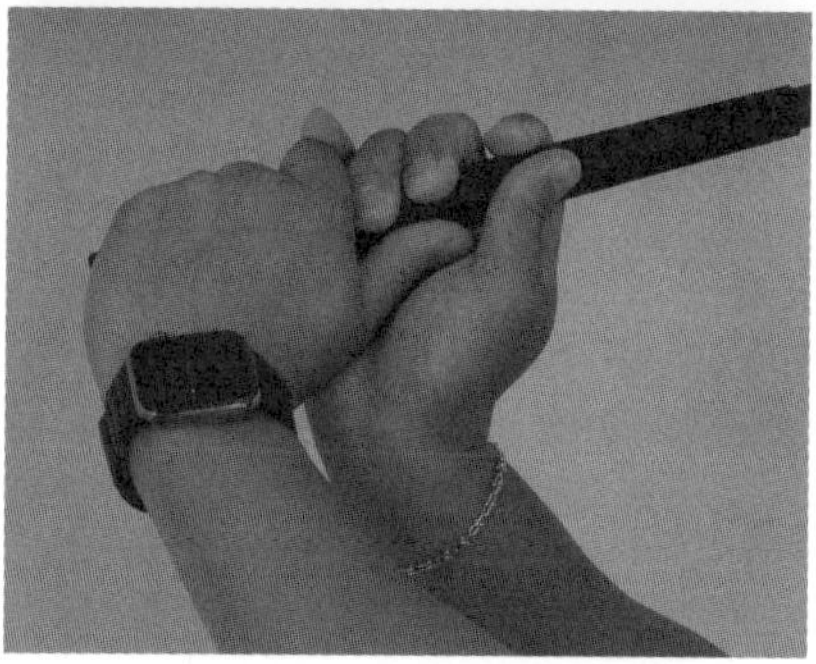

切り返しでのクラブの重さを直接受け止めるのは、左親指と、右手２本指のＶ字だが、手にかかってきた負荷は全身で受け止めて、跳ね返す

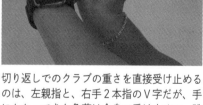

2 切り返しのタイミングは切り返す前にある

切り返しに入るタイミングですが、クラブがトップのポジションに到着してから「さあ、下に向かって振り下ろすか」と力を入れるのでは、いい動きにはなりません。

「切り返そう」と力を入れるのは、トップにたどり着く直前です。つまり、クラブヘッドがバックスイング方向にまだ進んでいる時点で、手元と体はもうダウンスイング方向へ力を入れ始めておかなければならないのです。

それができると、勝手につくられるのが、捻転差とタメ。これらはつくるものではなくて、勝手にできるものなのです。クラブヘッドはバックスイング方向に進もうとしているのにもかかわらず切り返しにいく（つまりダウンスイングの方向へ動き出す）。それによって、体はすでに折り返しているのに対して、クラブヘッドはまだあと少しバックスイング方向へ進んだあと、体に引っ張られて折り返すため、ヘッドが遅れてタメとなり、腰に対して肩が遅れて捻転差をつくるのです。シャフトのしなりと、しなり戻りの動きも同時につくられて、スイングの力を増大しています。

この「タメ」は自分でつくろうとしてはダメです。つくろうとしても、つくれない。自分の反応速度がそこまで速ければいいですが、人間の反応速度では対応できません。ダウンスイングに入ってしまうと、スイングはもういじりようがないんです。というよりも、いじっている余裕があるならば、インパクトに向けて力を出せ、ということです。100%、そこに注ぎ込まなくては300ヤードは到達できません。

バックスイングで体が十分に捻転し、ほぼトップのポジションに到達していても、そこから腕とヘッドはさらにバックスイング方向に回っていく

3 切り返しの直前に最大の力を注ぎ込む

ダウンスイングはインパクトで最大の力をつくり出すのが目的です。じゃあ、どこでいちばん力を出すのか、という質問をよく受けます。

トップから切り返しに入ったときはもう、全速力です。先ほど「切り返しのタイミングのズレ」を説明しました。自分としては、ダウンスイングに動き出しているタイミングで、ヘッドはまだバックスイングをしているというタイミングです。このときにもうすでに、大きな力を出しているのです。出していますが、ヘッドがまだバックスイング方向に動こうとする力が大きくて、体もそれに引っ張られるので、加速できません。

でも、一瞬ですが、その引っ張り合いが続くあいだに、ヘッドの力はどんどん小さくなり、引っ張られている力よりも小さくなった瞬間に、ダウンスイングに動き出すわけです。

自分が力を出すのはその引っ張り合いをするタイミングが最大です。

そして、あとは重力と遠心力でヘッドは加速していきます。自分で何かをしようとするのは、ブレーキとなってしまうので、やめてください。せっかく加速し始めさせたエネルギーをムダにしないこと！

だから、切り返しの瞬間に距離感は決まってしまっているのです。そこでどのくらい加速するのかで、インパクトの強さも決まってしまったからです。

そして、「力を入れた」と思ったらすぐにインパクトになっています。だから、入れた力でそのままインパクトの衝撃に耐えることになります。

切り返しの瞬間にどのくらい加速できたかで、インパクトの強さがほぼ決まる。その重要な一瞬に神経を研ぎ澄ませて試行錯誤してほしい

4 インパクト以降はすでにすべて「終わっている」

「フォローを大きくしよう」「フィニッシュを決めよう」という教え方もあります。でも、フォロースルーもフィニッシュも、インパクトでボールを打ち出してしまっているわけですから、関係ないのです。終わったあとですから。

だから、どうにでもつくれるので、プロや上級者は、カッコがつくように、自分で形をつくっているだけです。

フィニッシュまでフルで振りに行っていたら、ケガをしてしまいます。インパクトまで思いっ切りの力で振って、ボールが出て行ったあとは惰性に任せているだけ。だから、適度に減速していっているのでフィニッシュでピタッと止まれるわけです。インパクトのあとの動きは意図してつくれるんです。

フィニッシュでつくっていくのはアプローチの距離感だけですね。フィニッシュの位置を「腕が水平」とか「ヘッドが腰の高さ」とかで止めようとすると、インパクト前の速度にも影響します。それが、距離の打ち分けになるだけです。

インパクトまでの勢いが強すぎて、その後、カッコいい「逃がし方」もできなくなるほどの人がいますよね。日本ツアーで数年前に話題になったチェ・ホソンです。彼は正しいんですよ。インパクトまで思いっ切り振ってきたクラブのエネルギーを、左足を後ろに引いて逃がしているのです。逃がさないと、ケガをしてしまうほどのエネルギーで振っているからです。

実際思い切り振ったときは、私も止まれません。私は彼のような逃がし方はしませんが……。私はそのまま打球方向へ歩き出します。

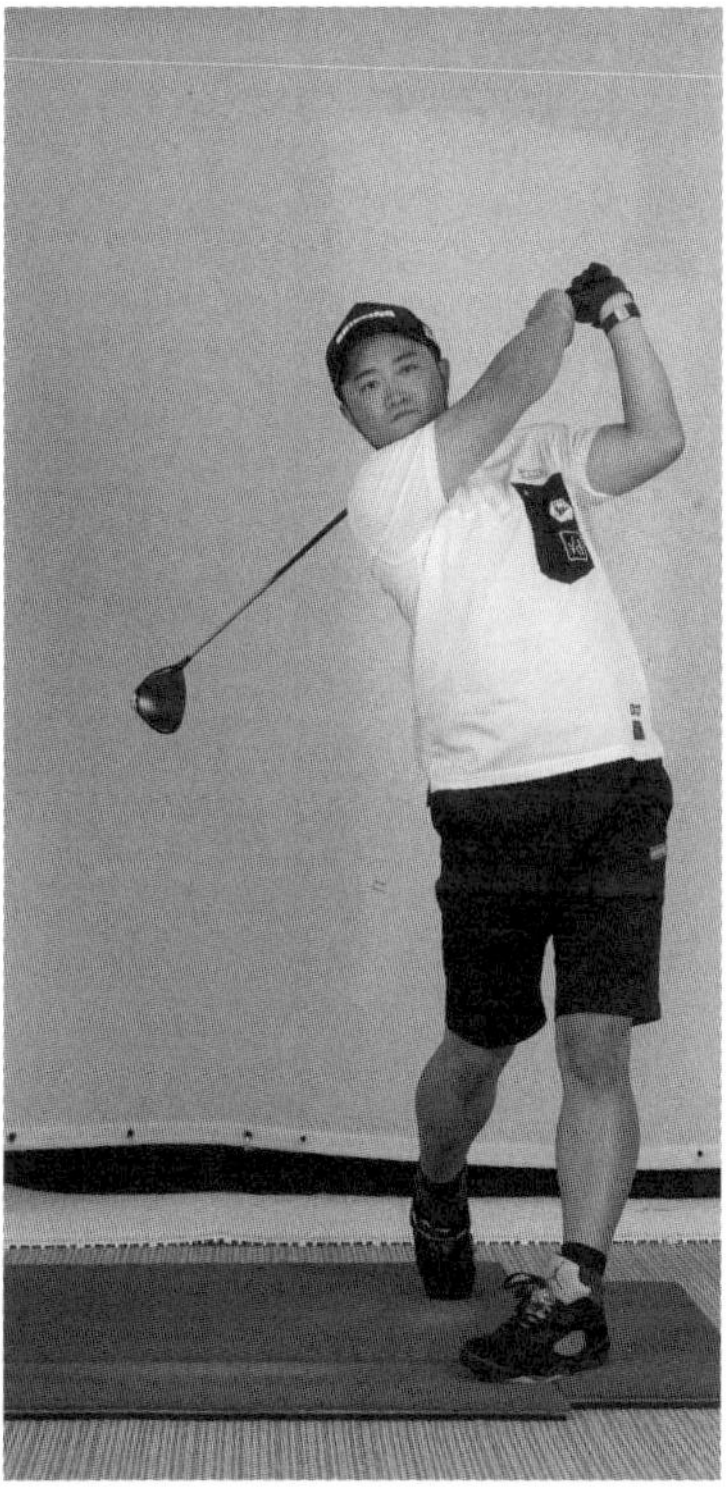

インパクト以降のクラブの振り方やカラダの動かし方は、打球の強さや方向には何も関係がない

5 インパクトゾーンでのフェースの動きについての意識

「ボールをどこに運んでいきたいか」というボールが飛んでいくイメージはたくさんもっていていいと思います。そのイメージによって、インパクトの強さや向きのイメージも具体的になってきます。そして、その衝撃によってフェースが後ろに持って行かれようとするのに対抗して、目標に向かってフェースを押し返すような力も、自然に生まれます。

それ以上に、「スイング中に、フェースをスクエアにして当てる」ための操作は、必要ありません。そこを意識することは、フルに力を使ってインパクトの衝撃に耐えようとしている筋肉に対して、余計なことに力を使うことになり、クラブの動きを減速させてしまいます。

こういう意識をもっていいのは、強いて言えば、パター、そしてランニングアプローチまでの動きだけです。

動きの中で瞬間的に通り過ぎていく形や状態などを「意識してつくろう」とすることが、スイングづくりにおいていちばんよくないことです。残念ながら、それこそ、飛ばないアマチュアのスイングのつくり方だと思います。そのような発想は捨てて、強くインパクトすることに意識を集中してみてください。

イメージするのは形ではなく、衝撃とそれに対する力の出し方なのです。

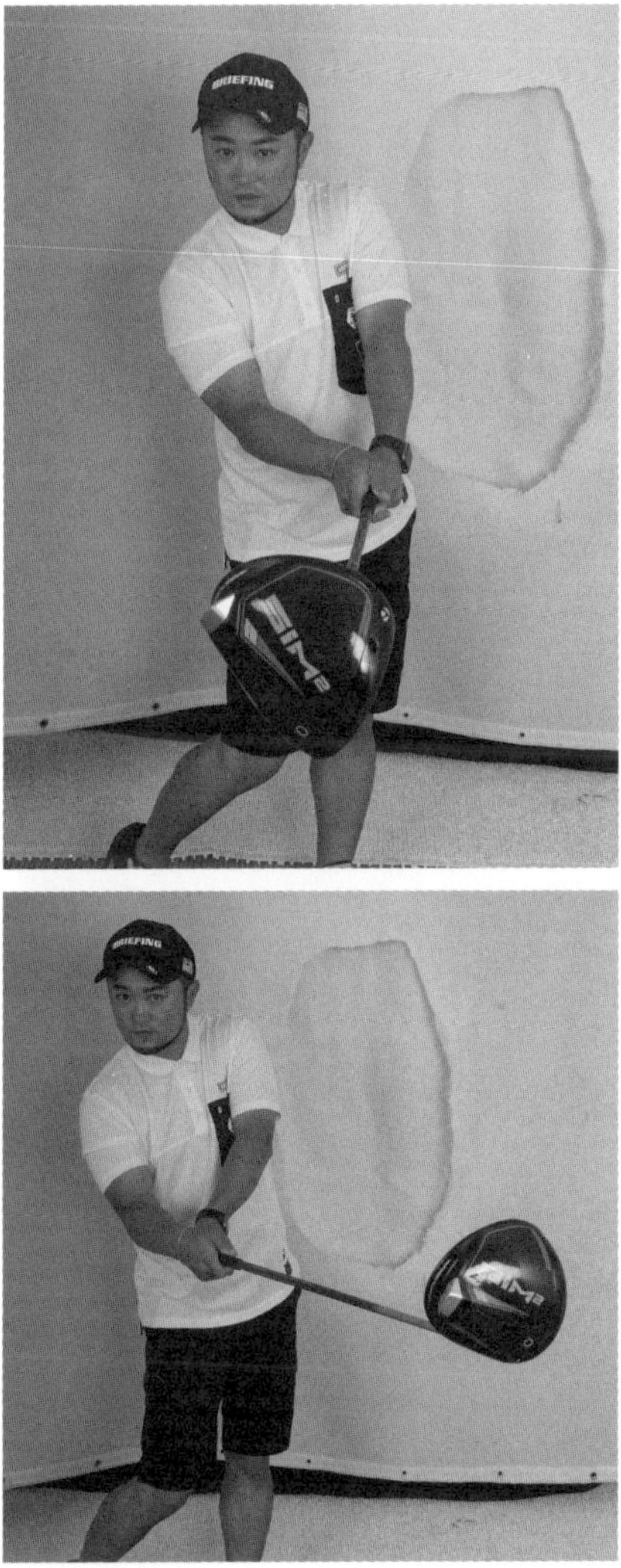

2種類の衝撃の力（20～23ページ）を意識して構えと動きのイメージをつくったら、強くインパクトすることに集中するだけ。細かな操作を加える必要はない

6 「f＝ma」というお話もしてみましょう

学校で、習いませんでしたか？　「f＝ma」。

「f」は力、「m」は質量、そして「a」は加速度です。力の大きさは、質量×加速度となっているというやつですね。

ゴルフスイングに当てはめれば、インパクトの力の大きさは、ヘッドの加速度と質量をかけ合わせたもので計算できることになります。だから、ヘッドスピードを上げることを考えているわけです。

でも、ヘッドスピードだけではない、ということも言っているわけです、この計算式は。「力」は、「加速度」に「質量」をかけたものですから。

でも、質量とは、つまりヘッドの重さなのか、クラブの重さなのか、それとも？ということを考えてみましょう。

単にグリップエンドをつまんで振り子としてクラブを振ると、クラブの重さだけです。動いているのはクラブだけなので、誰がやっても同じです。

でも、人間がクラブを持って、全身を使ってスイングをつくっている場合、振っている腕の重さも、「重さ」として乗っかってくるのです。だから、同じ速度でインパクトをつくっても、飛距離は違ってきます。

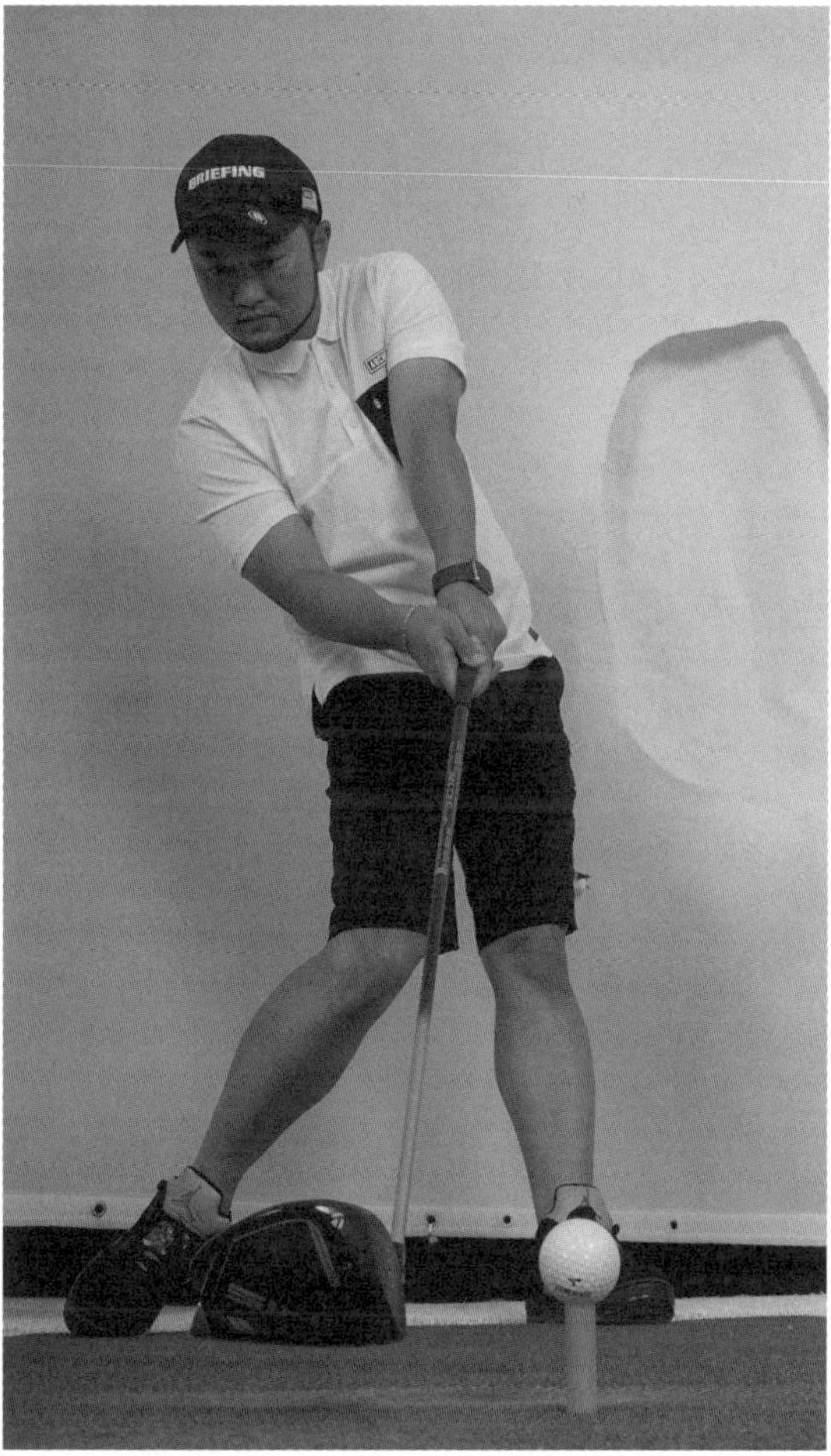

クラブと体の重さをフルに使って、加速を高めながらインパクトを迎える。その理想を追求していこう

7 大きな筋肉だけでなく、全身使い尽くしましょう！

この本で説明してきたのは、飛ばしに特化したメカニズムです。しかし、飛ばしを追求するからといって、正確性を犠牲にしているわけではありません。ふたつは相反するものではないのです。ただし完全に両立するものでもありません。

「エネルギー効率をよくする」という言い方が最適かと思います。ジグザグに走るより、真っすぐ走るほうがエネルギー効率がいいですよね、という話です。エネルギー効率がいいと、動きが安定します。勝手に安定するので、「安定させなければいけない」という神経を使わなくてよくなる分、エネルギーを大きくすることに使えます。

体軸が揺れている中でクラブを振る場合、揺れを止めるために神経を使います。その分スピードを上げられないわけです。

私はベンチプレスで60キロ上がらないのに、ドライバーで400ヤード飛ばせます。上腕はプニャプニャです。でも、手首は強い。手首でする腕相撲はめちゃくちゃ強いけど、私が強い部分は、そこだけ。この理論でボールを打っていたら勝手につく筋肉です。

皆さん、スイング中に「大きな筋肉」を使っているつもりかもしれません。でも、もしそれを使っているとしても、まだまだ使っていない、眠っている筋肉がいっぱいあります。それを目覚めさせ、はたらかせるのが、私の理論です。大きいひとつの筋肉を使っても距離は十分ではない。たくさんの小さい筋肉をたくさん使うから距離が出るのです。

ちゃんと当たるから、飛びます。当たるのが当たり前で、真っすぐ飛ぶのも当たり前になってきます。だから、もっと力を出せるようになります。

「飛ばすと曲がる」と考えている人は、インパクトのイメージがあやふや。力任せで、余計な動きが多いから曲がるのです。でも、ちゃんとインパクトで真っすぐ強く当てれば、真っすぐ飛ぶのです。

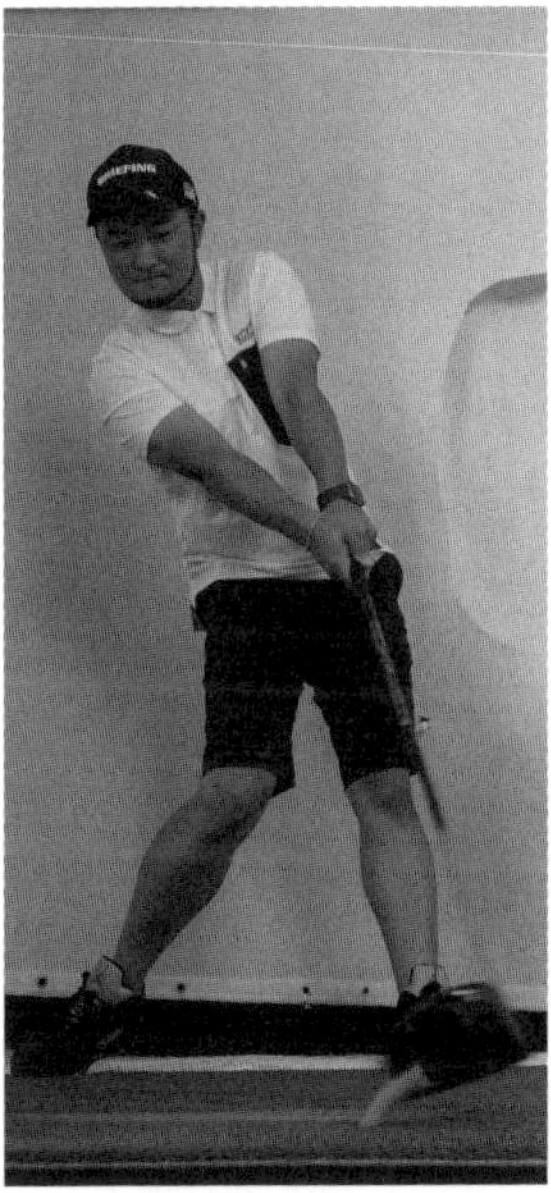

インパクトの力を大きくすることを追求し続けていってほしい。体の使い方、クラブの使い方に始まり、クラブの選び方などにも波及していくはずだ

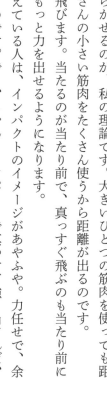

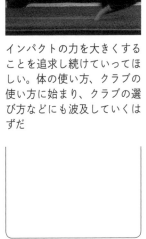

8 トッププロが細かなことをしている理由

「ダウンスイングで右ヒジを絞ろう」とか、もう、本当にやめてください。ダウンスイングは一目散にインパクトに向かっている、それだけに意識と力を集中させなければいけないのに、そういう余裕があるはずがないのです。

たしかに、ツアープロも、ゴルフ専門誌などで「ダウンスイングで、シャフトを寝かせる」とか言ってますよね。でも、そんなことを意識できるのは、スイングが固まってしまっているからなんです。何十万球も球を打って、もう、ちょっとやそっとでは動きは変わらない、というところまで身につけてきているからです。

その状態で、ちょっとくらいトリッキーなドリルをやったところで、フルスイングにはそこまで影響が出てきません。だから、やれるのです。染まりきっている真っ黒なハンカチに、他の色の染料を少し混ぜたところで、何も変わりませんよね。そういうことです。

普通のアマチュアゴルファーの場合、染まりきっていません。まだまだ、伸びしろ、変化していける余白がたっぷりありますから、そういうことをすると色ががらりと変わってしまって、「ああ、やり過ぎちゃった、今度はこっちの色を混ぜて戻さなきゃ」ってことになります。

だから新しい理論を入れるとぐちゃっと崩れていきます。でも、皆さん、ぐちゃっと崩れることが好きなんですよね。でも、それでいいんですか、というお話です。もう終わりにするなら、この本に取り組んでください。

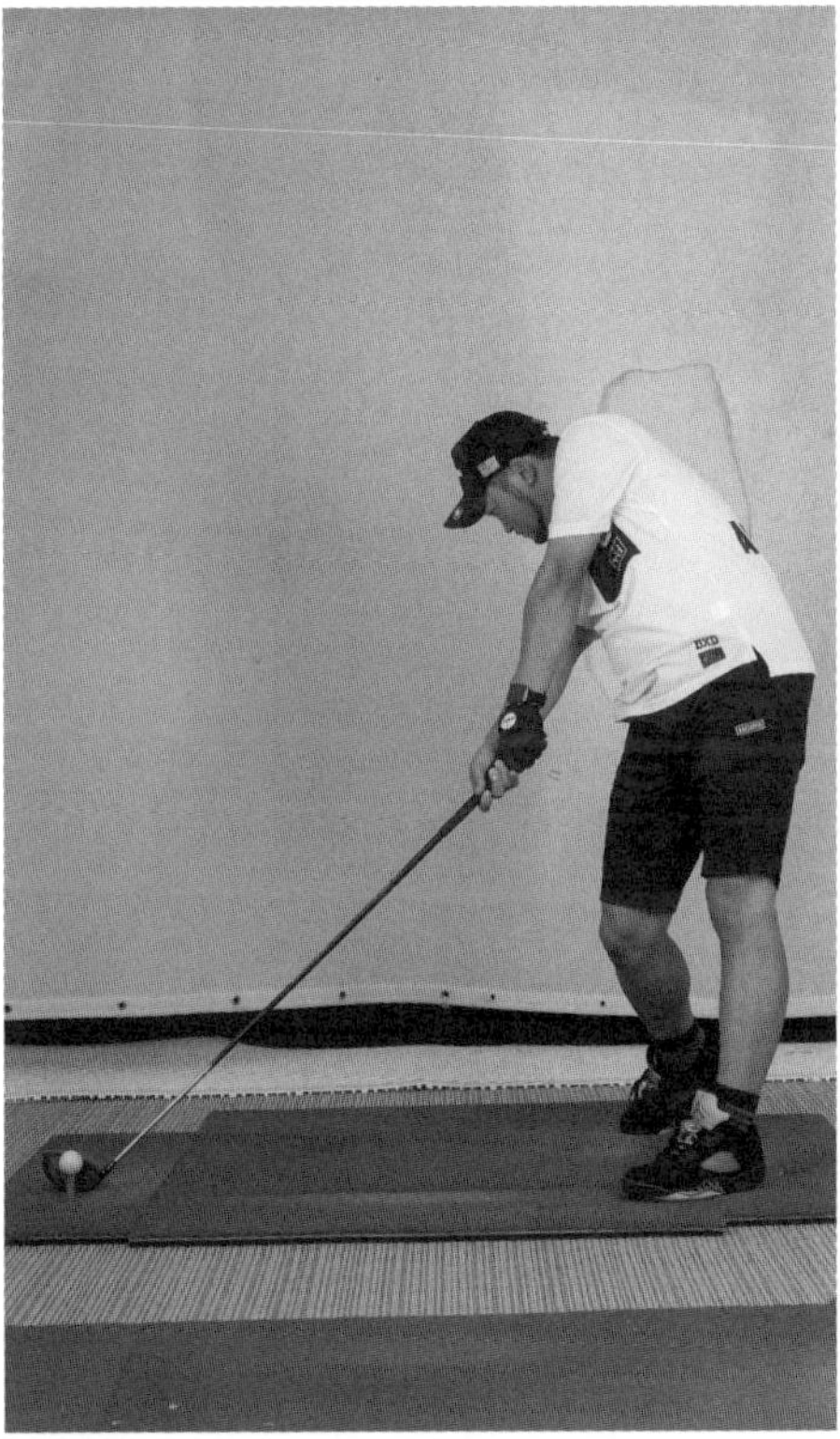

「誰かがこう言っていたから」といって、その人独自のノウハウを取り入れてもうまくいかない。求めているインパクトの衝撃をつくるための自分なりの動き方を探す。正しいかどうかの答えは打球結果が教えてくれる

おわりに　ゴルフ理論の流行に惑わされてきたあなたへ

パーシモンのドライバー、マッスルバックのアイアンの時代は、ヘッドの重心が高いため、タメをつくってヘッドを上からインパクトに入れないと飛距離が出せませんでした。タメによって、本来の軌道より内側から下ろせるメリットもありました。

これは、野球のバッティング理論から引っ張ってきた考え方です。野球のバットは、タメをつくって最短距離でボールに当てましょうという発想です。でも、野球でも落合さんがそれを否定し、バットを寝かせて戻してくるほうが、ボールの軌道に近くなり当てやすいのだ、という発想に置き換わりました。

一方ゴルフは、タングステンやチタンがヘッドの素材として用いられることで、ドライバーもアイアンも重心が低くなって、上から入れなくても芯に当たるようになった。クラブを寝かせて下ろしてきたほうがスピン量が減って飛距離が出るということで、スイングが変わってきました。しかも、横から叩くほうがエネルギー効率がいいぞ、と。だから、ボディーターンでスウィープ。さらに、ボールをより捕まえやすくするためにレイドオフなどなどのキーワードがもてはやされました。

でも、そうしたキーワードを強調し過ぎた結果、体の回転ばかりで腕を使わなくなった。そうすると、ボールが捕まらなくてすっぽ抜けます。そこで今度出てきたのが、ローテーションとか、手をローリングさせるとか、ツイストとか。

それをやり始めると今度はチーピンばっかり、捕まり過ぎ。だから、右へ打ち出そうとして、インサイド・アウトにするけれど、右に出て戻ってくるチーピンで距離が出なくなった。その救世主になったのがモダン・ボディーターン、シャローイング、パッシブトルクの時代です。いまココ、ってやつですね。

リストターン、ボディーターン、リストターン、ボディーターンの連続。ゴルフ理論の流行って、そういうことなんです。

でも、もういい加減にしようよ、と。現代のクラブは本当にやさしくなってきました。その高機能を最大限活用できるスイングとはどういうものか。その答えが、だれにでも当てはまる本当のゴルフ理論なのです。その中身は、リストターンとボディーターンの話でいえば、両方必要ということになります。ただ、「だれもがやらなくてはいけないこと」と「自分に合わせて調整しなくてはいけないこと」をはっきり分けて取り組むことで、どちらをどのくらい取り入れるか、ということについて、悩まなくて済むようになってくるはずです。

〈著者プロフィール〉
浦 大輔（うら・だいすけ）

1985年生まれ。Route d Golf Academy代表取締役兼ヘッドコーチ。YouTube「かっ飛びゴルフ塾」塾長。

ゴルフに必要なオールジャンルのレッスンはもちろん、とくに飛距離を伸ばすことに特化したレッスン指導を行なう。ジュニア時代に平成13年度第26回関西ジュニアゴルフ選手権優勝など、輝かしいタイトル多数獲得し、2001年ゴルフ特待生として世界の松山英樹を生み出した名門明徳義塾高校へ入学。高校時代は、四国高等学校ゴルフ選手権春季大会で優勝など輝かしい戦歴を残す。横峯さくらは同校の同期生。2004年、同じく松山英樹が大活躍した東北福祉大学へゴルフ部特待生として入学。池田勇太は同校の同期生。在学中交通事故、家庭の事情により大学を2年で中退。その後サラリーマンをしながら、ゴルフから離れざるを得なかった3年間で、物理学、スポーツ力学、ゴルフクラブのメカニズム、体の構造の研究を深め独自のゴルフ理論を確立。2009年に上京し、独自の理論によるゴルフレッスンを開始する。身長約170cmの決して恵まれている体格ではないが、米国PGAでも屈指の飛ばし屋と同等の飛距離を実証する（2016年「ゴルフダイジェストドラコン選手権オープンディビジョン」にて399ヤードで優勝）。『月刊ゴルフダイジェスト』など各ゴルフ雑誌にてレッスン掲載。著書に、『人気プロコーチ浦大輔のアクセス数TOP30レッスン』（エイ出版社）、『最長406ヤード！浦大輔のゴルフ“かっ飛び”メソッド：プラス50ヤードを可能にする飛ばしの新鉄則』（日本文芸社）がある。

◆かっ飛びゴルフ塾 https://www.youtube.com/c/かっ飛びゴルフ塾 ⇨

◆LINE https://line.me/R/ti/p/%40hgj0499x ⇨

〈編集協力〉長沢 潤　〈写真〉相田克己
〈装丁〉常松靖史（TUNE）　〈DTP・図版作成〉沖浦康彦

浦大輔のかっ飛びゴルフ塾 飛ばしの超理論

2021年11月6日　初版発行

著　者　浦　大輔
発行者　太田　宏
発行所　フォレスト出版株式会社
〒162-0824 東京都新宿区揚場町2-18　白宝ビル5F
電話　03-5229-5750（営業）
　　　03-5229-5757（編集）
URL　http://www.forestpub.co.jp

印刷・製本　中央精版印刷株式会社

ISBN978-4-86680-149-0　Printed in Japan